大足石刻全集

第一卷

北山佛湾石窟第1—100号考古报告

下册

大足石刻研究院 编

黎方银 主编

DAZU SHIKE
QUANJI

THE DAZU ROCK CARVINGS

Vol. I
FOWAN (NOS. 1—100), BEISHAN
Part Two

EDITED BY
ACADEMY OF DAZU ROCK CARVINGS

EDITOR IN CHIEF
LI FANGYIN

总策划　郭　宜　黎方银

《大足石刻全集》学术委员会

主　任　丁明夷
委　员　丁明夷　马世长　王川平　宁　强　孙　华　杨　泓　李志荣　李崇峰
　　　　李裕群　李静杰　陈明光　陈悦新　杭　侃　姚崇新　郭相颖　雷玉华
　　　　霍　巍（以姓氏笔画为序）

《大足石刻全集》编辑委员会

主　任　王怀龙　黎方银
副主任　郭　宜　谢晓鹏　刘贤高　郑文武
委　员　王怀龙　毛世福　邓启兵　刘贤高　米德昉　李小强　周　颖　郑文武
　　　　郭　宜　黄能迁　谢晓鹏　黎方银（以姓氏笔画为序）
主　编　黎方银
副主编　刘贤高　邓启兵　黄能迁　谢晓鹏　郑文武

《大足石刻全集》第一卷编纂工作团队

调查记录　黄能迁　邓启兵　刘贤高　陈　静　郭　静
现场测绘　刘贤高　周　颖　毛世福　黄能迁　邓启兵　郭　静　陈　静　张　强
　　　　　吕　品　陈　杰　潘春香　余倩倩
绘　图　　周　颖　毛世福　陈　杰　潘春香　余倩倩
图版拍摄　郑文武（主机）　郭　宜　周　瑜　吕文成　王　远　张　勘
拓　片　　唐长清　唐毅烈
铭文整理　赵凌飞
资料整理　赵凌飞　张媛媛　未小妹　李朝元
英文翻译　姚淇琳
英文审定　Tom Suchan　唐仲明
报告编写　刘贤高　黎方银　邓启兵　黄能迁
统　稿　　刘贤高　黎方银
审　定　　丁明夷

《大足石刻全集》第一卷编辑工作团队

工作统筹　郭　宜　郑文武
三　审　　杨希之　李盛强　王怀龙
编　辑　　郑文武　夏　添　周　瑜　吕文成　王　远
印前审读　曾祥志
图片制作　郑文武　周　瑜　吕文成　王　远
装帧设计　胡靳一　郑文武
排　版　　何　璐
校　色　　宋晓东　郑文武
校　对　　唐联文　刘小燕　李小君　何建云

总目录

第一卷　　　北山佛湾石窟第1—100号考古报告

第二卷　　　北山佛湾石窟第101—192号考古报告

第三卷　　　北山佛湾石窟第193—290号考古报告

第四卷　　　北山多宝塔考古报告

第五卷　　　石篆山、石门山、南山石窟考古报告

第六卷　　　宝顶山大佛湾石窟第1—14号考古报告

第七卷　　　宝顶山大佛湾石窟第15—32号考古报告

第八卷　　　宝顶山小佛湾及周边石窟考古报告

第九卷　　　大足石刻专论

第十卷　　　大足石刻历史图版

第十一卷　　附录及索引

GENERAL CATALOGUE

Vol. I   FOWAN (NOS. 1–100), BEISHAN

Vol. II FOWAN (NOS. 101–192), BEISHAN

Vol. III FOWAN (NOS. 193–290), BEISHAN

Vol. IV DUOBAO PAGODA, BEISHAN

Vol. V   SHIZHUANSHAN, SHIMENSHAN AND NANSHAN

Vol. VI DAFOWAN (NOS. 1–14), BAODINGSHAN

Vol. VII DAFOWAN (NOS. 15–32), BAODINGSHAN

Vol. VIII XIAOFOWAN AND SURROUNDING CARVINGS, BAODINGSHAN

Vol. IX COLLECTED RESEARCH PAPERS ON THE DAZU ROCK CARVINGS

Vol. X   EARLY PHOTOGRAPHS OF THE DAZU ROCK CARVINGS

Vol. XI APPENDIX AND INDEX

目 录

I 摄影图版

图版 1	北山石窟卫星图	2
图版 2	北山佛湾石窟航拍图	4
图版 3	北山佛湾石窟外景（由西向东）	6
图版 4	北山佛湾石窟南区航拍图	8
图版 5	北山佛湾石窟北区航拍图	9
图版 6	北山多宝塔航拍图	10
图版 7	北山石窟三维地形模拟图	11
图版 8	北山佛湾石窟南区与地坪的关系（由西南向东北）	12
图版 9	北山佛湾石窟北区与地坪的关系（由南向北）	14
图版 10	北山佛湾石窟南区局部之一	16
图版 11	北山佛湾石窟南区局部之二	18
图版 12	北山佛湾石窟北区局部之一	20
图版 13	北山佛湾石窟北区局部之二	22
图版 14	北山佛湾石窟南区保护长廊	24
图版 15	北山佛湾石窟南区"U"形巷道（由南向北）	26
图版 16	北山佛湾石窟南区"U"形巷道（由北向南）	27
图版 17	北山佛湾石窟南区"U"形巷道南侧梯道（南口）	28
图版 18	北山佛湾石窟南区"U"形巷道北侧梯道（北口）	29
图版 19	第1—3号	30
图版 20	第4、5号龛	31
图版 21	第6—12号	32
图版 22	第1、2号龛	34
图版 23	第1号龛外立面	36
图版 24	第2号龛外立面	37
图版 25	第3号龛外立面	38
图版 26	第3号龛主尊像	39
图版 27	第3号龛左侧像	40
图版 28	第3号龛右侧像	41
图版 29	第3-1号龛外立面	42
图版 30	第4号龛外立面	43
图版 31	第5号龛外立面	44
图版 32	第5号龛龛底	45
图版 33	第5号龛主尊像	46
图版 34	第5号龛左力士像	47
图版 35	第5号龛右力士像	48
图版 36	第5号龛左侧壁	49
图版 37	第5号龛左侧壁内起第1像	50
图版 38	第5号龛左侧壁内起第2像	51
图版 39	第5号龛左侧壁内起第3像	52
图版 40	第5号龛右侧壁	53
图版 41	第5号龛右侧壁内起第1像	54
图版 42	第5号龛右侧壁内起第2像	55
图版 43	第6号龛外立面	56
图版 44	第6号龛右壁	57
图版 45	第7号龛外立面	58
图版 46	第8号龛外立面	59
图版 47	第9号龛外立面	60
图版 48	第9号龛主尊像	61
图版 49	第9号龛主尊左侧胡跪像	62
图版 50	第9号龛主尊右侧胡跪像	63
图版 51	第9号龛左壁	64
图版 52	第9号龛左壁第一层云纹造像	65
图版 53	第9号龛左壁第二层云纹造像	65
图版 54	第9号龛左壁第三层云纹造像	66
图版 55	第9号龛左壁第四层造像	67
图版 56	第9号龛右壁	68
图版 57	第9号龛右壁第一层云纹造像	69
图版 58	第9号龛右壁第二层云纹造像	69
图版 59	第9号龛右壁第三层云纹造像	70
图版 60	第9号龛右壁第四层造像	71
图版 61	第9号龛龛顶	72
图版 62	第9-1号龛外立面	73
图版 63	第9-2号龛外立面	74
图版 64	第10号龛外立面	75
图版 65	第10号龛主尊像	76
图版 66	第10号龛主尊左上方飞天像	77
图版 67	第10号龛主尊右上方飞天像	78
图版 68	第10号龛左侧壁	79
图版 69	第10号龛左侧壁弟子像	80
图版 70	第10号龛左侧壁菩萨像	81
图版 71	第10号龛左侧壁外侧下部天王、金刚像	82
图版 72	第10号龛左侧壁外侧上部五佛像	83
图版 73	第10号龛右侧壁	84
图版 74	第10号龛右侧壁弟子像	85
图版 75	第10号龛右侧壁菩萨像	86
图版 76	第10号龛右侧壁外侧下部天王、金刚像	87
图版 77	第10号龛右侧壁外侧上部五佛像	88
图版 78	第10号龛龛顶	89
图版 79	第10号龛龛顶莲花	89
图版 80	第10号龛龛顶右侧飞天像	90
图版 81	第11号龛外立面	91
图版 82	第11号龛左菩萨像	92

图版 83	第 11 号龛右菩萨像	93
图版 84	第 12 号龛外立面	94
图版 85	第 12 号龛左菩萨像	95
图版 86	第 12 号龛右菩萨像	96
图版 87	第 13—16 号	97
图版 88	第 17—29 号	98
图版 89	第 13 号龛外立面	100
图版 90	第 14 号龛外立面	101
图版 91	第 15 号龛外立面	102
图版 92	第 16 号龛外立面	103
图版 93	第 17 号龛外立面	104
图版 94	第 18 号龛外立面	105
图版 95	第 18 号龛左壁造像	106
图版 96	第 18 号龛右壁造像	107
图版 97	第 19 号龛外立面	108
图版 98	第 19 号龛左壁菩萨像	109
图版 99	第 19 号龛右壁菩萨像	109
图版 100	第 20 号龛外立面	110
图版 101	第 20 号龛主尊像	111
图版 102	第 20 号龛主尊左菩萨像	112
图版 103	第 20 号龛主尊右菩萨像	112
图版 104	第 20 号龛第五排右起第 6—8 身菩萨坐像	113
图版 105	第 20 号龛第六排右起第 19—22 身菩萨坐像	113
图版 106	第 20 号龛第九排右起第 7—9 身菩萨坐像	114
图版 107	第 20 号龛第十排右起第 7—9 身菩萨坐像	114
图版 108	第 21 号龛外立面	115
图版 109	第 21 号龛主尊像	116
图版 110	第 21 号龛左菩萨像	117
图版 111	第 21 号龛右菩萨像	117
图版 112	第 22 号龛外立面	118
图版 113	第 22 号龛左沿下部供养人像	118
图版 114	第 23 号龛外立面	119
图版 115	第 24 号龛外立面	120
图版 116	第 25 号龛外立面	121
图版 117	第 26 号龛外立面	122
图版 118	第 26 号龛外右下供养人像	123
图版 119	第 27 号龛外立面	124
图版 120	第 28 号龛外立面	125
图版 121	第 29 号龛外立面	126
图版 122	第 30—35 号	127
图版 123	第 30 号龛外立面	128
图版 124	第 31 号龛外立面	129
图版 125	第 32 号龛外立面	130
图版 126	第 33 号龛外立面	131
图版 127	第 34 号龛外立面	132

图版 128	第 34 号龛左侧造像	133
图版 129	第 34 号龛右侧造像	133
图版 130	第 35 号龛外立面	134
图版 131	第 35 号龛主尊像	135
图版 132	第 35 号龛左菩萨像	136
图版 133	第 35 号龛左上云纹造像	137
图版 134	第 35 号龛右菩萨像	138
图版 135	第 35 号龛右上云纹造像	139
图版 136	第 36—44 号	140
图版 137	第 45—48 号	142
图版 138	第 36 号龛外立面	143
图版 139	第 36 号龛主尊佛像	144
图版 140	第 36 号龛左侧第 1 身罗汉像	145
图版 141	第 36 号龛左侧第 2 身罗汉像	146
图版 142	第 36 号龛左侧第 3 身罗汉像	147
图版 143	第 36 号龛左侧第 4 身罗汉像	148
图版 144	第 36 号龛左侧第 5 身罗汉像	149
图版 145	第 36 号龛左侧第 6 身罗汉像	150
图版 146	第 36 号龛左侧第 7 身罗汉像	151
图版 147	第 36 号龛左侧第 8 身罗汉像	152
图版 148	第 36 号龛右侧第 1 身罗汉像	153
图版 149	第 36 号龛右侧第 2 身罗汉像	154
图版 150	第 36 号龛右侧第 3 身罗汉像	155
图版 151	第 36 号龛右侧第 4 身罗汉像	156
图版 152	第 36 号龛右侧第 5 身罗汉像	157
图版 153	第 36 号龛右侧第 6 身罗汉像	158
图版 154	第 36 号龛右侧第 7 身罗汉像	159
图版 155	第 37 号龛外立面	160
图版 156	第 37 号龛左壁下部造像	161
图版 157	第 37 号龛上沿飞天像	162
图版 158	第 37 号龛外右下立像	163
图版 159	第 38 号龛外立面	164
图版 160	第 38 号龛左侧壁	165
图版 161	第 38 号龛右侧壁	166
图版 162	第 39 号龛外立面	167
图版 163	第 39 号龛主尊佛像	168
图版 164	第 39 号龛左侧壁	169
图版 165	第 39 号龛右侧壁	169
图版 166	第 39 号龛上沿飞天像	170
图版 167	第 40 号龛外立面	170
图版 168	第 40 号龛主尊佛像	171
图版 169	第 40 号龛左菩萨像	172
图版 170	第 40 号龛右菩萨像	173
图版 171	第 40 号龛外右下立像	174
图版 172	第 41 号龛外立面	175

图版173	第42号龛外立面	176	图版218	第53号龛左胁侍菩萨像	219
图版174	第43号龛外立面	176	图版219	第53号龛右胁侍菩萨像	219
图版175	第44号龛外立面	177	图版220	第53号龛左上飞天像	220
图版176	第45号龛外立面	178	图版221	第53号龛右上飞天像	220
图版177	第46号龛外立面	179	图版222	第54号龛外立面	221
图版178	第46号龛主尊佛像	180	图版223	第55号龛外立面	222
图版179	第46号龛左菩萨像	181	图版224	第55-1号龛外立面	223
图版180	第46号龛右菩萨像	182	图版225	第56号龛外立面	224
图版181	第47号龛外立面	183	图版226	第56号龛左侧童子像	225
图版182	第47号龛左侧壁	184	图版227	第56号龛右侧童子像	225
图版183	第47号龛低坛造像	185	图版228	第57号龛外立面	226
图版184	第48号龛外立面	186	图版229	第57号龛主尊座台前侧造像	227
图版185	第48号龛主尊佛像	187	图版230	第57号龛左胁侍菩萨像	228
图版186	第48号龛左菩萨像	188	图版231	第57号龛右胁侍菩萨像	228
图版187	第48号龛右菩萨像	189	图版232	第58号龛外立面	229
图版188	第48号龛龛底造像	190	图版233	第58号龛正壁	230
图版189	第49—55号	191	图版234	第58号龛左壁	231
图版190	第55-1及56、57号龛	192	图版235	第58号龛右壁	231
图版191	第58—65号	193	图版236	第59号龛外立面	232
图版192	第66、67号龛	194	图版237	第60号龛外立面	233
图版193	第49号龛外立面	195	图版238	第61号龛外立面	234
图版194	第50号龛外立面	196	图版239	第62号龛外立面	235
图版195	第51号龛外立面	197	图版240	第63号龛外立面	236
图版196	第51号龛正壁中佛像	198	图版241	第64号龛外立面	237
图版197	第51号龛正壁左佛像	199	图版242	第65号龛外立面	238
图版198	第51号龛龛底左前侧供养菩萨像	200	图版243	第65号龛左侧壁	239
图版199	第51号龛正壁右佛像	201	图版244	第65号龛右侧壁	239
图版200	第51号龛龛底右前侧莲台	202	图版245	第66号龛外立面	240
图版201	第51号龛正壁上部造像	203	图版246	第67号龛外立面	241
图版202	第51号龛左侧壁	204	图版247	第68—78号	242
图版203	第51号龛左侧壁上部造像	205	图版248	第79、80号龛	244
图版204	第51号龛左侧壁下部造像	206	图版249	第68号龛外立面	246
图版205	第51号龛右侧壁	207	图版250	第69号龛外立面	247
图版206	第51号龛右侧壁上部造像	208	图版251	第70号龛外立面	248
图版207	第51号龛右侧壁下部造像	209	图版252	第70-1号龛外立面	249
图版208	第51号龛龛顶	210	图版253	第71号龛外立面	250
图版209	第51号左沿力士像	211	图版254	第72号龛外立面	251
图版210	第51号右沿力士像	212	图版255	第73号龛外立面	252
图版211	第52号龛外立面	213	图版256	第73号龛左侧胁侍菩萨及低坛供养人像	254
图版212	第52号龛主尊上部华盖	214	图版257	第73号龛右侧胁侍菩萨及低坛供养人像	255
图版213	第52号龛左胁侍菩萨像	215	图版258	第74号龛外立面	256
图版214	第52号龛右胁侍菩萨像	215	图版259	第75号龛外立面	257
图版215	第52号龛左上飞天像	216	图版260	第76号龛外立面	258
图版216	第52号龛右上飞天像	217	图版261	第77号龛外立面	259
图版217	第53号龛外立面	218	图版262	第78号龛外立面	260

II 铭文图版

图版263	第79号龛外立面	261
图版264	第79号龛左沿外侧浅龛造像	262
图版265	第79号龛右沿外侧浅龛造像	262
图版266	第80号龛外立面	263
图版267	第81—84号	264
图版268	第85—89号	266
图版269	第90—98号	267
图版270	第81号龛外立面	268
图版271	第82号龛外立面	269
图版272	第83号龛外立面	270
图版273	第83号龛左胁侍像	271
图版274	第83号龛右胁侍像	272
图版275	第83号龛左飞天像	273
图版276	第83号龛右飞天像	273
图版277	第84号龛外立面	274
图版278	第84号龛左侧壁下部浅龛造像	275
图版279	第84号龛右侧壁下部浅龛造像	275
图版280	第85号龛外立面	276
图版281	第86号龛外立面	277
图版282	第87号龛外立面	278
图版283	第88号龛外立面	279
图版284	第89号龛外立面	280
图版285	第89号龛龛外右侧浅龛造像	281
图版286	第90号龛外立面	282
图版287	第91号龛外立面	283
图版288	第91号龛左侧壁	284
图版289	第92号龛外立面	285
图版290	第93号龛外立面	286
图版291	第94号龛外立面	287
图版292	第95号龛外立面	288
图版293	第96号龛外立面	289
图版294	第97号龛外立面	290
图版295	第98号龛外立面	291
图版296	第99、100号龛	292
图版297	第99号龛外立面	294
图版298	第100号龛外立面	295
图版299	第100号龛塔身坐像	296

图版1	第2号龛胡密撰韦君靖碑上部碑文	298
图版1-1	第2号龛胡密撰韦君靖碑上部A组碑文	299
图版1-2	第2号龛胡密撰韦君靖碑上部B组碑文	300
图版1-3	第2号龛胡密撰韦君靖碑上部C组碑文	301
图版1-4	第2号龛胡密撰韦君靖碑上部D组碑文	302
图版1-5	第2号龛胡密撰韦君靖碑上部E组碑文	303
图版1-6	第2号龛胡密撰韦君靖碑上部F组碑文	304
图版2	第2号龛胡密撰韦君靖碑下部碑文	305
图版2-1	第2号龛胡密撰韦君靖碑下部A组碑文	306
图版2-2	第2号龛胡密撰韦君靖碑下部B组碑文	307
图版2-3	第2号龛胡密撰韦君靖碑下部C组碑文	308
图版2-4	第2号龛胡密撰韦君靖碑下部D组碑文	309
图版2-5	第2号龛胡密撰韦君靖碑下部E组碑文	310
图版2-6	第2号龛胡密撰韦君靖碑下部F组碑文	311
图版3	第9号龛佚名造大悲观世音菩萨像残记	312
图版4	第18号龛佚名造一佛二菩萨龛残记	313
图版5	第19号龛佚名造救苦观音菩萨龛残记	314
图版6	第21号龛王启仲造阿弥陀佛龛记	315
图版7	第24号龛何君友造日月光菩萨龛镌记	316
图版8	第25号龛佚名造菩萨龛镌记	317
图版9	第26号龛何君友造观音龛镌记	318
图版10	第27号龛佚名造观音龛残记	319
图版11	第32号龛周氏造日月光菩萨龛镌记	320
图版12	第35号龛佚名造阿弥陀佛龛记	321
图版13	第37号龛于彦章等造地藏菩萨龛镌记	322
图版14	第39号龛温孟达等造大威德炽盛光佛龛镌记	323
图版15	第50号龛僧明悟造如意轮菩萨龛镌记	324
图版16	第51号龛左沿外侧王宗靖造三世佛龛镌记	325
图版17	第51号龛右沿外侧王宗靖造三世佛龛镌记	326
图版18	第52号龛左沿黎氏造阿弥陀佛龛镌记	327
图版19	第52号龛右沿黎氏造阿弥陀佛龛镌记	328
图版20	第53号龛左沿种审能造阿弥陀佛龛镌记	329
图版21	第53号龛右沿种审能造阿弥陀佛龛镌记	330
图版22	第54号龛佚名造观音龛残记	331
图版23	第58号龛左沿王宗靖造观音地藏镌记	332
图版24	第58号龛右沿赵师恪妆饰观音地藏镌记	333

Ⅰ 摄影图版

图版 1　北山石窟卫星图

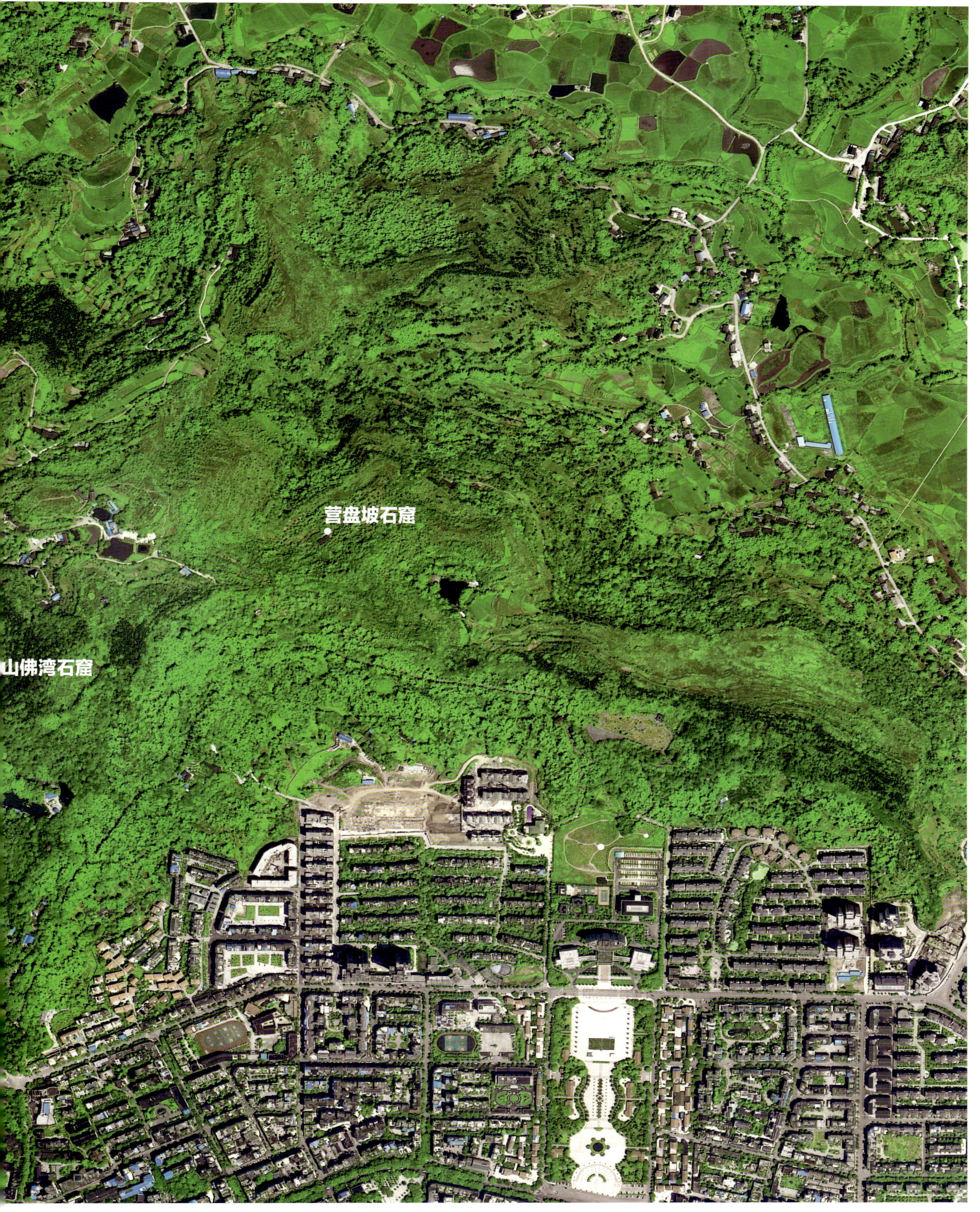

图版 2　北山佛湾石窟航拍图

图版3　北山佛湾石窟外景（由西向东）

I 摄影图版　7

图版 4　北山佛湾石窟南区航拍图

图版 5　北山佛湾石窟北区航拍图

图版 6　北山多宝塔航拍图

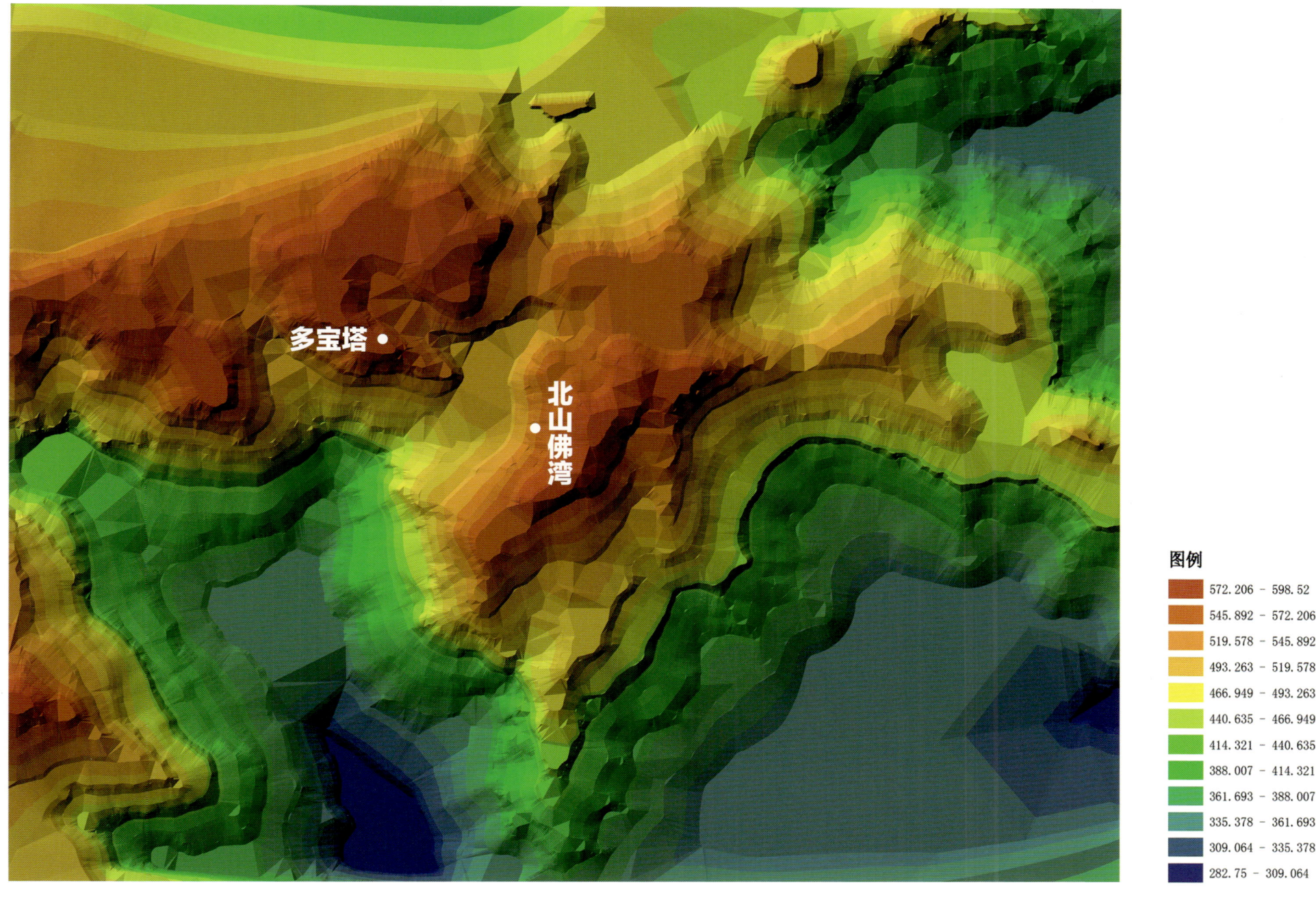

图版 7　北山石窟三维地形模拟图

图版 8　北山佛湾石窟南区与地坪的关系（由西南向东北）

图版 9　北山佛湾石窟北区与地坪的关系（由南向北）

I 摄影图版 15

图版 10　北山佛湾石窟南区局部之一

I 摄影图版　17

图版 11　北山佛湾石窟南区局部之二

Ⅰ 摄影图版　19

图版 12　北山佛湾石窟北区局部之一

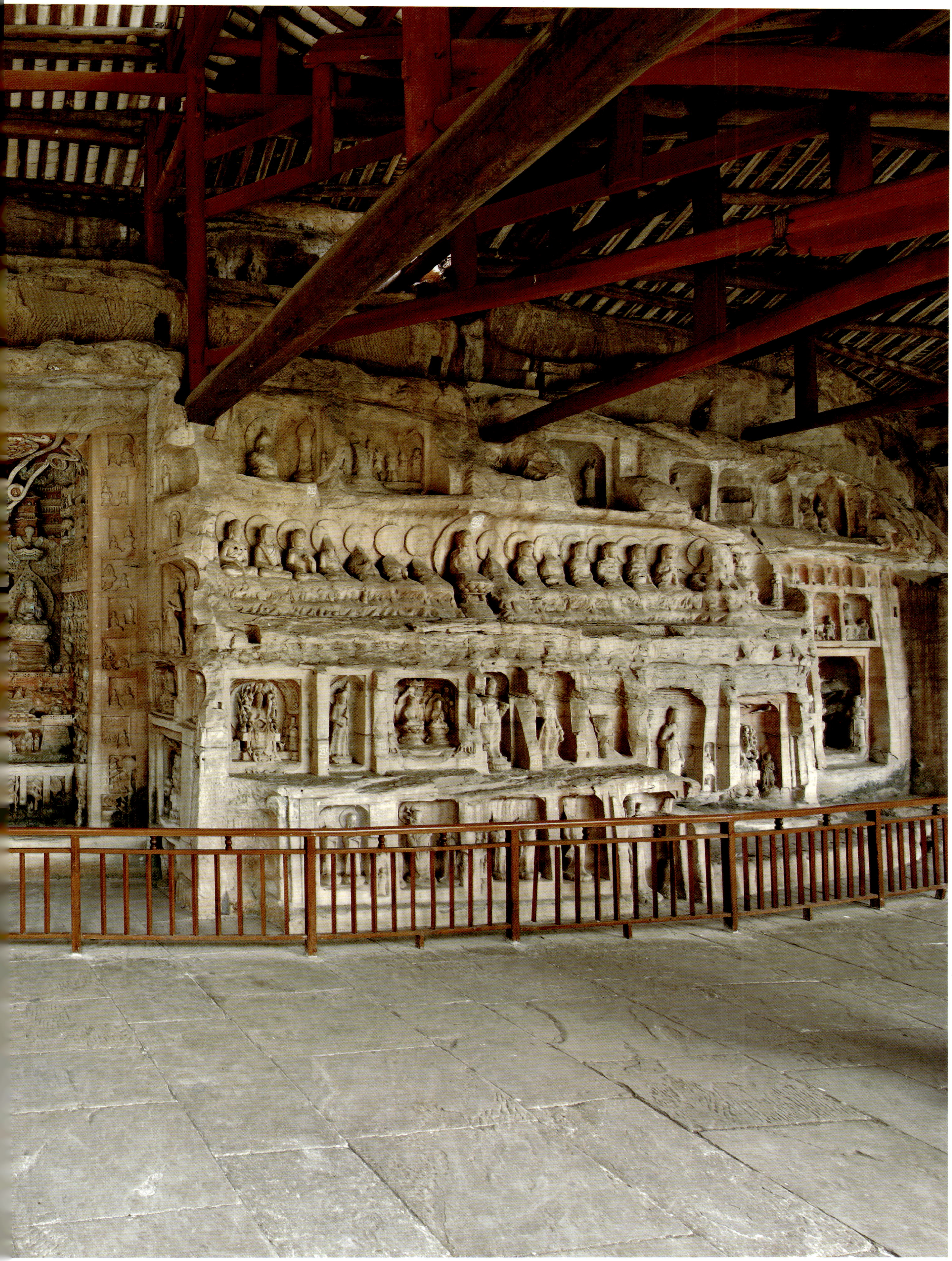

图版 13　北山佛湾石窟北区局部之二

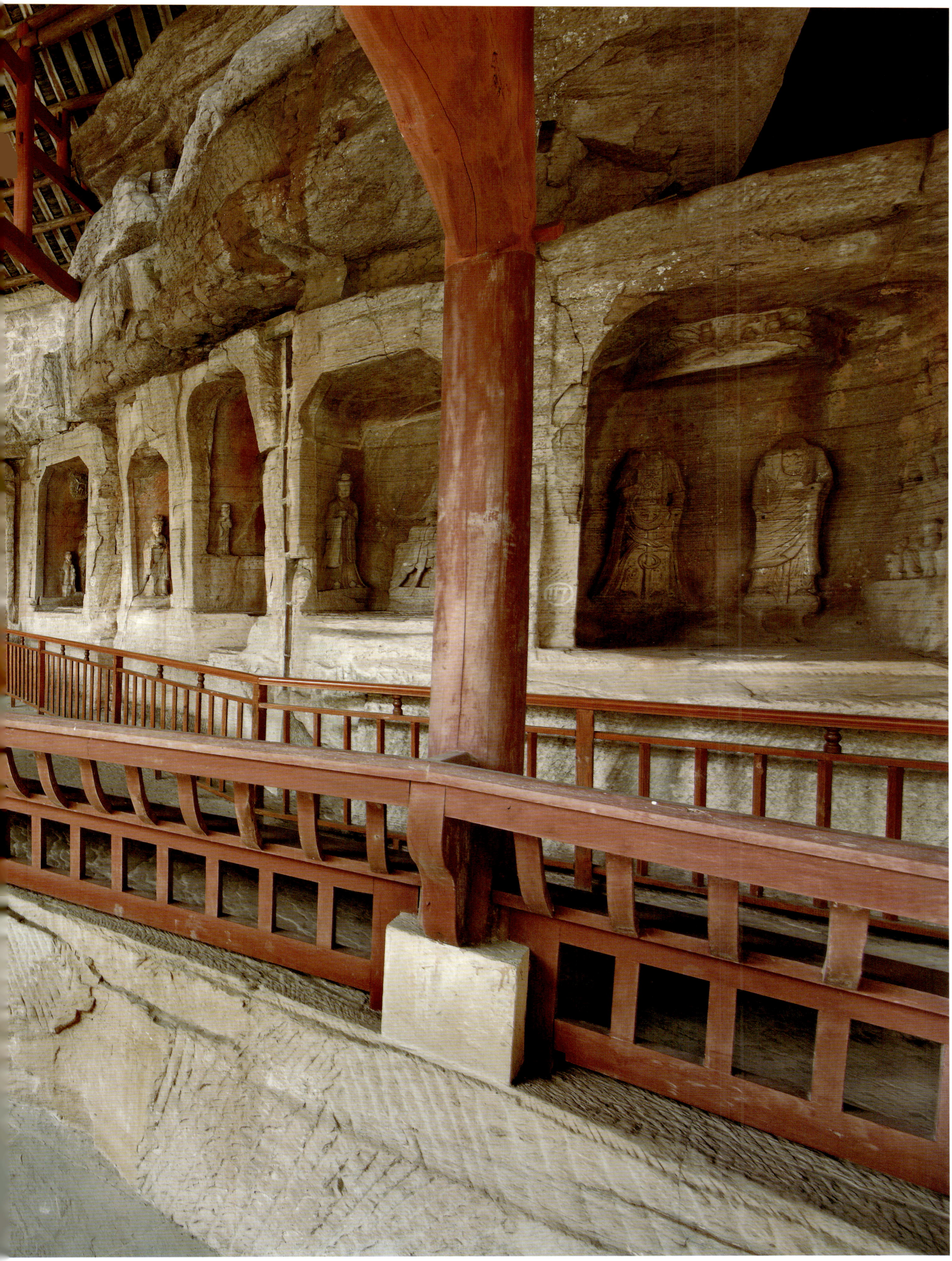

图版 14　北山佛湾石窟南区保护长廊

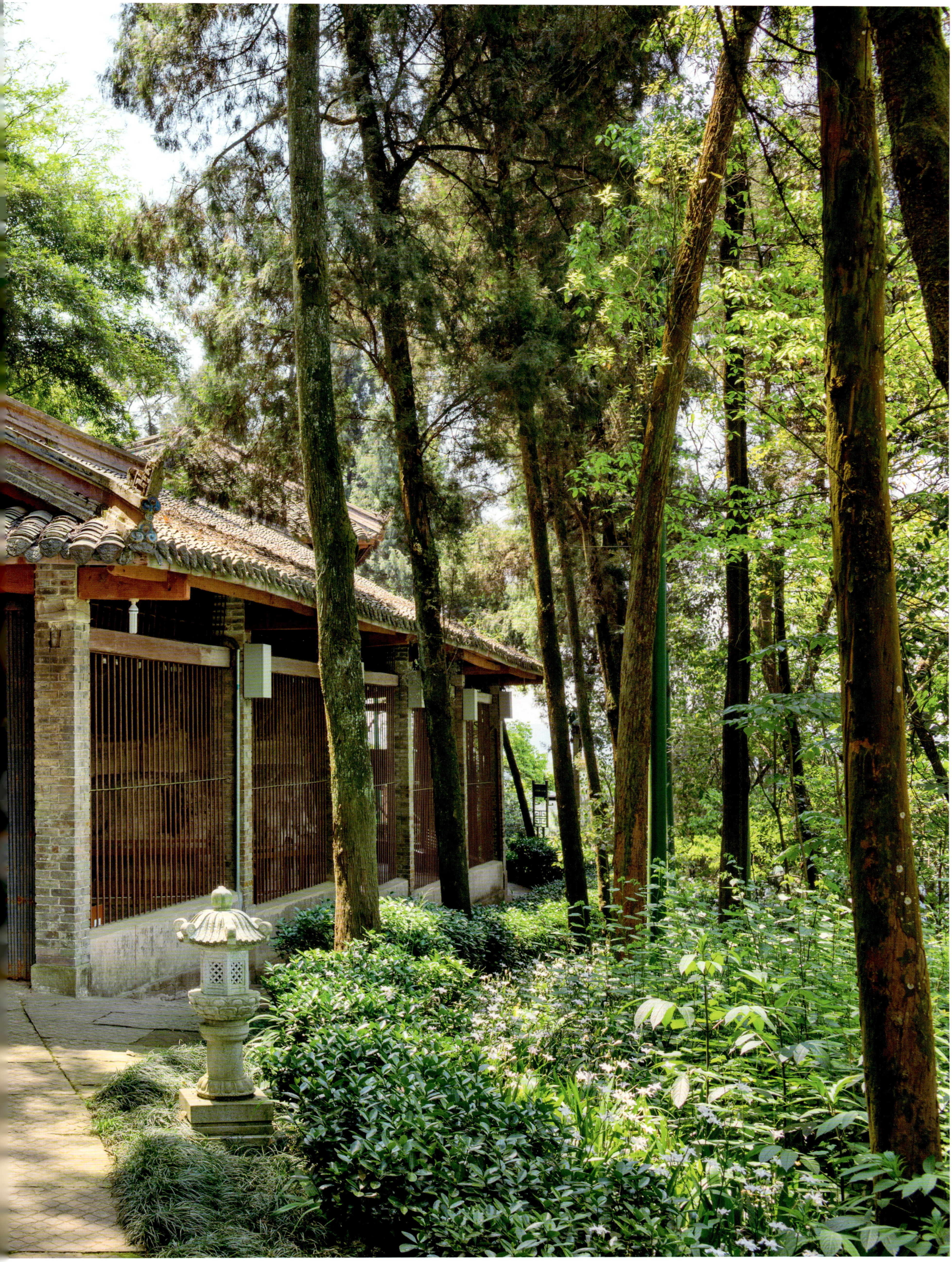

图版 15　北山佛湾石窟南区 "U" 形巷道（由南向北）

图版 16　北山佛湾石窟南区 "U" 形巷道（由北向南）

图版 17　北山佛湾石窟南区 "U" 形巷道南侧梯道（南口）

图版 18　北山佛湾石窟南区"U"形巷道北侧梯道（北口）

图版19　第1—3号

图版20　第4、5号龛

图版 21　第 6—12 号

I 摄影图版 33

图版22　第1、2号龛

I 摄影图版 35

图版 23　第 1 号龛外立面

图版 24　第 2 号龛外立面

图版 25　第 3 号龛外立面

图版 26　第 3 号龛主尊像

图版 27　第 3 号龛左侧像

图版28　第3号龛右侧像

图版 29　第 3-1 号龛外立面

图版 30　第 4 号龛外立面

图版 31　第 5 号龛外立面

图版 32　第 5 号龛龛底

图版 33　第 5 号龛主尊像

图版34　第5号龛左力士像

图版 35　第 5 号龛右力士像

图版36　第5号龛左侧壁

图版 37　第 5 号龛左侧壁内起第 1 像

图版38　第5号龛左侧壁内起第2像

图版 39　第 5 号龛左侧壁内起第 3 像

图版 40　第 5 号龛右侧壁

图版 41　第 5 号龛右侧壁内起第 1 像

图版 42　第 5 号龛右侧壁内起第 2 像

图版 43　第 6 号龛外立面

图版44　第6号龛右壁

图版 45　第 7 号龛外立面

图版 46　第 8 号龛外立面

图版 47　第 9 号龛外立面

图版 48　第 9 号龛主尊像

图版 49　第 9 号龛主尊左侧胡跪像

图版 50　第 9 号龛主尊右侧胡跪像

图版51　第9号龛左壁

图版 52　第 9 号龛左壁第一层云纹造像

图版 53　第 9 号龛左壁第二层云纹造像

Ⅰ 摄影图版　65

图版 54　第 9 号龛左壁第三层云纹造像

图版 55　第 9 号龛左壁第四层造像

图版 56　第 9 号龛右壁

图版 57　第 9 号龛右壁第一层云纹造像

图版 58　第 9 号龛右壁第二层云纹造像

图版 59　第 9 号龛右壁第三层云纹造像

图版 60　第 9 号龛右壁第四层造像

图版 61　第 9 号龛龛顶

图版 62　第 9-1 号龛外立面

图版63　第9-2号龛外立面

图版 64　第 10 号龛外立面

图版 65　第 10 号龛主尊像

图版 66　第 10 号龛主尊左上方飞天像

图版 67　第 10 号龛主尊右上方飞天像

图版 68　第 10 号龛左侧壁

图版 69　第 10 号龛左侧壁弟子像

图版 70　第 10 号龛左侧壁菩萨像

图版 71　第 10 号龛左侧壁外侧下部天王、金刚像

图版 72　第 10 号龛左侧壁外侧上部五佛像

图版 73　第 10 号龛右侧壁

图版 74　第 10 号龛右侧壁弟子像

图版 75　第 10 号龛右侧壁菩萨像

图版76　第10号龛右侧壁外侧下部天王、金刚像

图版77 第10号龛右侧壁外侧上部五佛像

图版 78　第 10 号龛龛顶

图版 79　第 10 号龛龛顶莲花

图版80　第10号龛龛顶右侧飞天像

图版 81　第 11 号龛外立面

图版 82　第 11 号龛左菩萨像

图版 83　第 11 号龛右菩萨像

图版 84　第 12 号龛外立面

图版 85　第 12 号龛左菩萨像

图版 86　第 12 号龛右菩萨像

图版 87　第 13—16 号

图版 88 第 17—29 号（数码拼接）

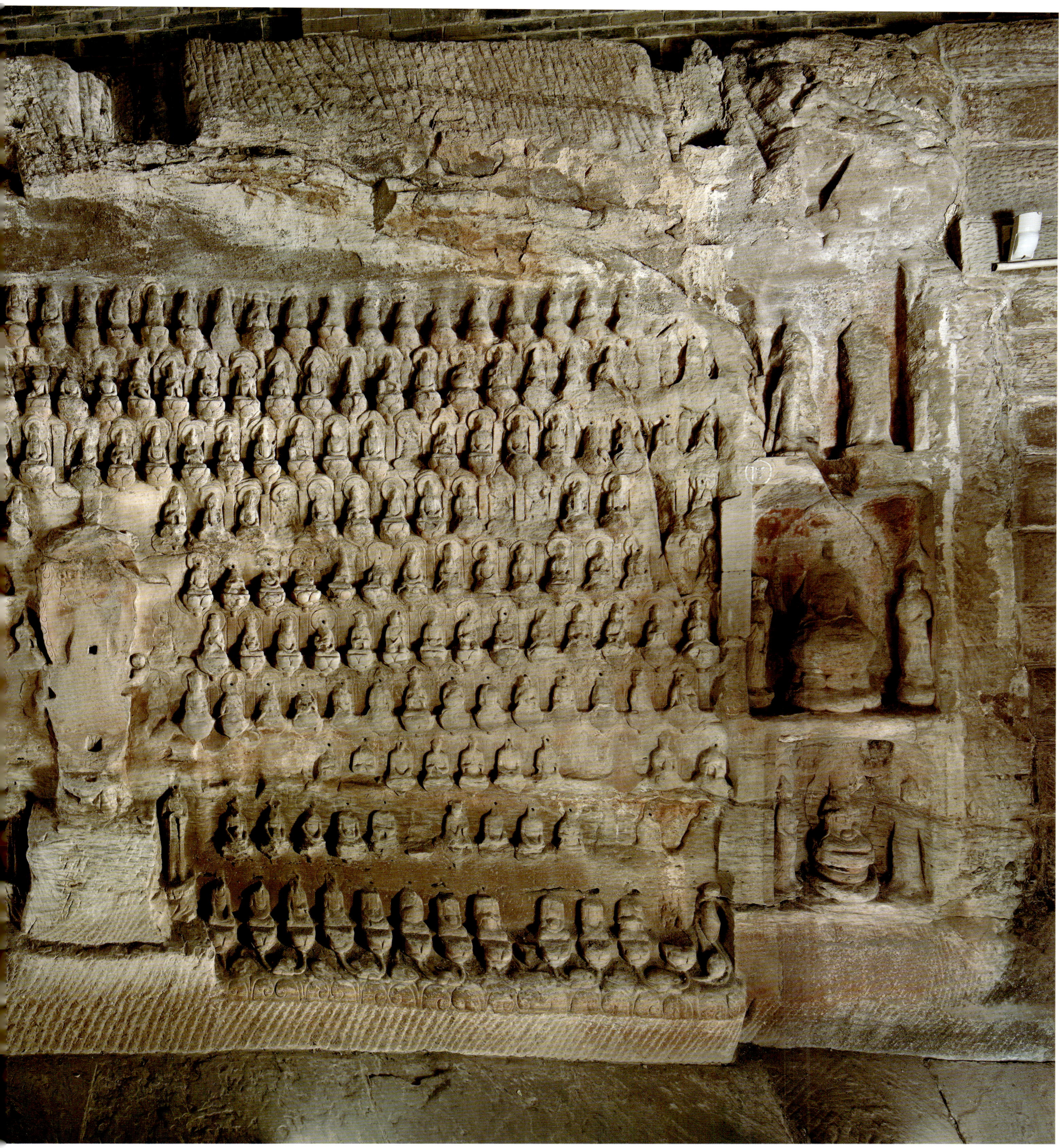

图版89　第13号龛外立面

图版 90　第 14 号龛外立面

图版91　第15号龛外立面

图版 92　第 16 号龛外立面

图版 93　第 17 号龛外立面

图版94　第18号龛外立面

图版 95　第 18 号龛左壁造像

图版 96　第 18 号龛右壁造像

图版 97　第 19 号龛外立面

图版 98　第 19 号龛左壁菩萨像 　　　　　　　　　　　　　　　图版 99　第 19 号龛右壁菩萨像

图版 100　第 20 号龛外立面（数码拼接）

图版 101　第 20 号龛主尊像

图版 102　第 20 号龛主尊左菩萨像

图版 103　第 20 号龛主尊右菩萨像

图版 104　第 20 号龛第五排右起第 6—8 身菩萨坐像

图版 105　第 20 号龛第六排右起第 19—22 身菩萨坐像

Ⅰ 摄影图版　113

图版106　第20号龛第九排右起第7—9身菩萨坐像

图版107　第20号龛第十排右起第7—9身菩萨坐像

图版108　第21号龛外立面

图版 109　第 21 号龛主尊像

图版110　第21号龛左菩萨像

图版111　第21号龛右菩萨像

图版 112　第 22 号龛外立面

图版 113　第 22 号龛左沿下部供养人像

图版 114　第 23 号龛外立面

图版 115　第 24 号龛外立面

图版 116　第 25 号龛外立面

图版 117　第 26 号龛外立面

图版118　第26号龛龛外右下供养人像

图版 119　第 27 号龛外立面

图版 120　第 28 号龛外立面

图版 121　第 29 号龛外立面

图版 122　第 30—35 号

图版 123　第 30 号龛外立面

图版 124　第 31 号龛外立面

图版 125　第 32 号龛外立面

图版 126　第 33 号龛外立面

图版 127　第 34 号龛外立面

图版 128　第 34 号龛左侧造像　　　　　　　　　　　　图版 129　第 34 号龛右侧造像

图版130　第35号龛外立面

图版 131　第 35 号龛主尊像

图版132　第35号龛左菩萨像

图版133　第35号龛左上云纹造像

图版 134　第 35 号龛右菩萨像

图版 135　第 35 号龛右上云纹造像

图版 136　第 36—44 号（数码拼接）

Ⅰ 摄影图版　141

图版 137　第 45—48 号

图版 138　第 36 号龛外立面（数码拼接）

图版 139　第 36 号龛主尊佛像

图版140　第36号龛左侧第1身罗汉像

图版 141　第 36 号龛左侧第 2 身罗汉像

图版142　第36号龛左侧第3身罗汉像

图版143 第36号龛左侧第4身罗汉像

图版 144　第 36 号龛左侧第 5 身罗汉像

图版 145　第 36 号龛左侧第 6 身罗汉像

图版146　第36号龛左侧第7身罗汉像

图版 147　第 36 号龛左侧第 8 身罗汉像

图版148　第36号龛右侧第1身罗汉像

图版 149　第 36 号龛右侧第 2 身罗汉像

图版 150　第 36 号龛右侧第 3 身罗汉像

图版 151　第 36 号龛右侧第 4 身罗汉像

图版152　第36号龛右侧第5身罗汉像

图版 153　第 36 号龛右侧第 6 身罗汉像

图版 154　第 36 号龛右侧第 7 身罗汉像

I 摄影图版　159

图版 155　第 37 号龛外立面

图版156　第37号龛左壁下部造像

图版 157　第 37 号龛上部飞天像

图版158　第37号龛龛外右下立像

图版 159　第 38 号龛外立面

图版160　第38号龛左侧壁

图版 161 第 38 号龛右侧壁

图版 162　第 39 号龛外立面

图版 163　第 39 号龛主尊佛像

图版 164　第 39 号龛左侧壁 　　　　　　　　　　　　　图版 165　第 39 号龛右侧壁

图版166　第39号龛上沿飞天像

图版167　第40号龛外立面

图版 168　第 40 号龛主尊佛像

图版 169　第 40 号龛左菩萨像

图版 170　第 40 号龛右菩萨像

图版 171　第 40 号龛外右下立像

图版 172　第 41 号龛外立面

图版 173　第 42 号龛外立面

图版 174　第 43 号龛外立面

图版 175　第 44 号龛外立面

图版 176　第 45 号龛外立面

图版 177　第 46 号龛外立面

图版 178 第 46 号龛主尊佛像

图版179　第46号龛左菩萨像

图版 180　第 46 号龛右菩萨像

图版 181　第 47 号龛外立面

图版182　第47号龛左侧壁

图版 183　第 47 号龛低坛造像

图版184 第48号龛外立面

图版185　第48号龛主尊佛像

图版186　第48号龛左菩萨像

图版 187　第 48 号龛右菩萨像

图版 188　第 48 号龛龛底造像

图版189　第49—55号

图版 190　第 55-1 及 56、57 号龛

图版 191　第 58—65 号

图版192 第66、67号龛

图版193 第49号龛外立面

图版194　第50号龛外立面

图版 195　第 51 号龛外立面

图版 196 第 51 号龛正壁中佛像

图版 197　第 51 号龛正壁左佛像

图版198　第51号龛龛底左前侧供养菩萨像

图版199 第51号龛正壁右佛像

图版 200　第 51 号龛龛底右前侧莲台

图版 201　第 51 号龛正壁上部龛像

I 摄影图版　203

图版 202　第 51 号龛左侧壁

图版 203　第 51 号龛左侧壁上部造像

图版 204　第 51 号龛左侧壁下部造像

图版 205　第 51 号龛右侧壁

图版 206　第 51 号龛右侧壁上部造像

图版207　第51号龛右侧壁下部造像

图版 208 第 51 号龛龛顶

210　大足石刻全集　第一卷（下册）

图版209　第51号龛左沿力士像

图版 210　第 51 号龛右沿力士像

图版 211　第 52 号龛外立面

图版212　第52号龛主尊上部华盖

图版 213　第 52 号龛左胁侍菩萨像

图版 214　第 52 号龛右胁侍菩萨像

图版 215　第 52 号龛左上飞天像

图版 216　第 52 号龛右上飞天像

图版 217　第 53 号龛外立面

图版 218　第 53 号龛左胁侍菩萨像 　　　　　　　　　　　　　　　　图版 219　第 53 号龛右胁侍菩萨像

图版 220　第 53 号龛左上飞天像

图版 221　第 53 号龛右上飞天像

图版 222　第 54 号龛外立面

图版 223　第 55 号龛外立面

图版 224　第 55-1 号龛外立面

图版 225　第 56 号龛外立面

图版 226　第 56 号龛左侧童子像 　　　　　　　　　　　　图版 227　第 56 号龛右侧童子像

图版 228　第 57 号龛外立面

图版 229　第 57 号龛主尊座台前侧造像

图版 230　第 57 号龛左胁侍菩萨像

图版 231　第 57 号龛右胁侍菩萨像

图版 232　第 58 号龛外立面

图版233 第58号龛正壁

图版 234　第 58 号龛左壁 　　　　　　　　　　　　图版 235　第 58 号龛右壁

图版 236　第 59 号龛外立面

图版237　第60号龛外立面

图版238　第61号龛外立面

图版 239　第 62 号龛外立面

图版 240　第 63 号龛外立面

图版 241　第 64 号龛外立面

图版 242　第 65 号龛外立面

图版 243　第 65 号龛左侧壁　　　　　　　　　　　　　　　图版 244　第 65 号龛右侧壁

Ⅰ 摄影图版　239

图版 245　第 66 号龛外立面

图版246　第67号龛外立面

图版 247　第 68—78 号

Ⅰ 摄影图版 243

图版 248　第 79、80 号龛

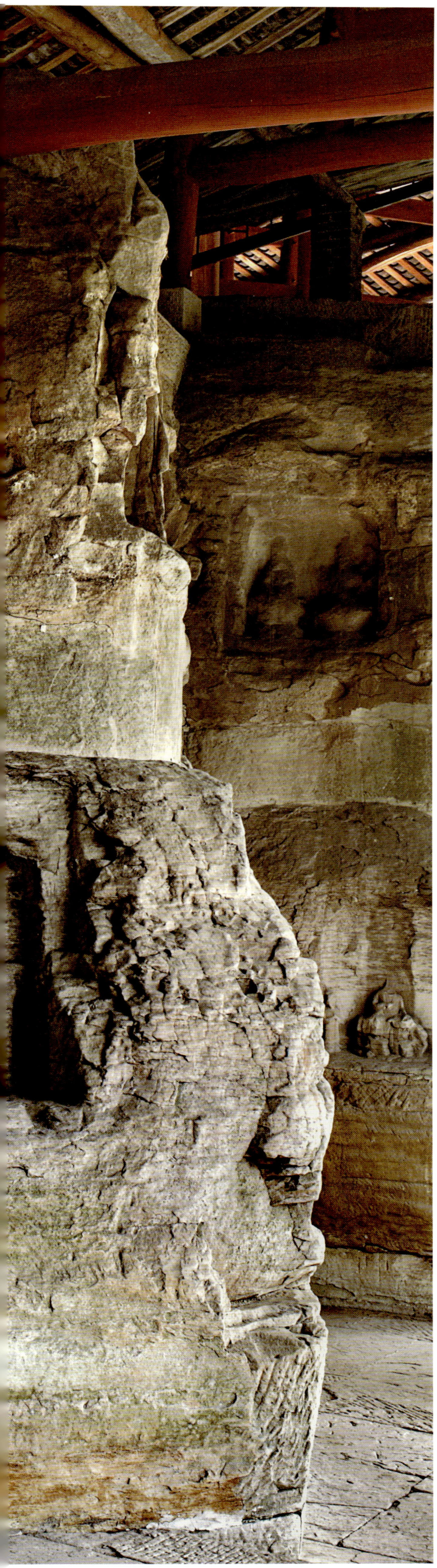

图版 249　第 68 号龛外立面

图版 250　第 69 号龛外立面

图版251　第70号龛外立面

图版 252　第 70-1 号龛外立面

图版253　第71号龛外立面

图版 254　第 72 号龛外立面

图版 255　第 73 号龛外立面

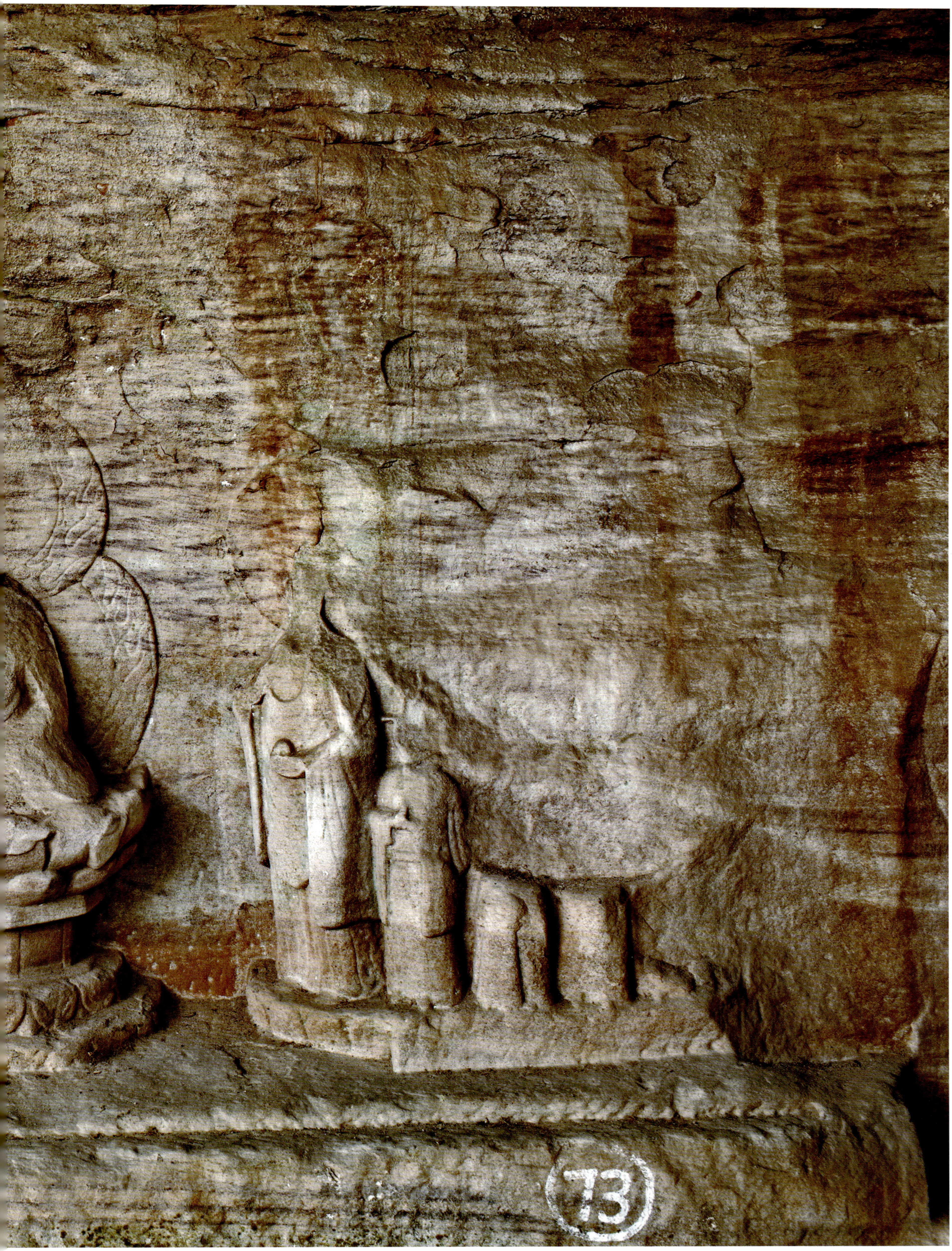
73

图版 256　第 73 号龛左侧胁侍菩萨及低坛供养人像

图版 257　第 73 号龛右侧胁侍菩萨及低坛供养人像

图版 258　第 74 号龛外立面

图版259　第75号龛外立面

图版 260　第 76 号龛外立面

图版 261　第 77 号龛外立面

图版262　第78号龛外立面

图版 263　第 79 号龛外立面

图版264　第79号龛左沿外侧浅龛造像 　　　　　　　　　　　　图版265　第79号龛右沿外侧浅龛造像

262　大足石刻全集　第一卷（下册）

图版 266　第 80 号龛外立面

图版 267　第 81—84 号

Ⅰ 摄影图版　265

图版268 第85—89号

图版 269　第 90—98 号

图版 270　第 81 号龛外立面

图版271　第82号龛外立面

图版 272　第 83 号龛外立面

图版273　第83号龛左胁侍像

图版 274　第 83 号龛右胁侍像

图版 275　第 83 号龛左飞天像 　　　　　　　　　　　　　　　图版 276　第 83 号龛右飞天像

图版 277　第 84 号龛外立面

图版 278　第 84 号龛左侧壁下部浅龛造像　　　　　　　　　　图版 279　第 84 号龛右侧壁下部浅龛造像

图版 280　第 85 号龛外立面

图版 281　第 86 号龛外立面

图版 282　第 87 号龛外立面

图版 283　第 88 号龛外立面

图版 284　第 89 号龛外立面

图版 285　第 89 号龛龛外右侧浅龛造像

图版 286　第 90 号龛外立面

图版 287　第 91 号龛外立面

图版 288　第 91 号龛左侧壁

图版 289　第 92 号龛外立面

图版 290　第 93 号龛外立面

图版291　第94号龛外立面

图版 292　第 95 号龛外立面

图版 293　第 96 号龛外立面

图版 294　第 97 号龛外立面

图版 295　第 98 号龛外立面

图版 296　第 99、100 号龛

I 摄影图版

图版 297　第 99 号龛外立面

图版 298　第 100 号龛外立面

图版299　第100号龛塔身坐像

II 铭文图版

A　　　　　B　　　　　C　　　　　D　　　　　E　　　　　F

图版 1　第 2 号龛胡密撰韦君靖碑上部碑文

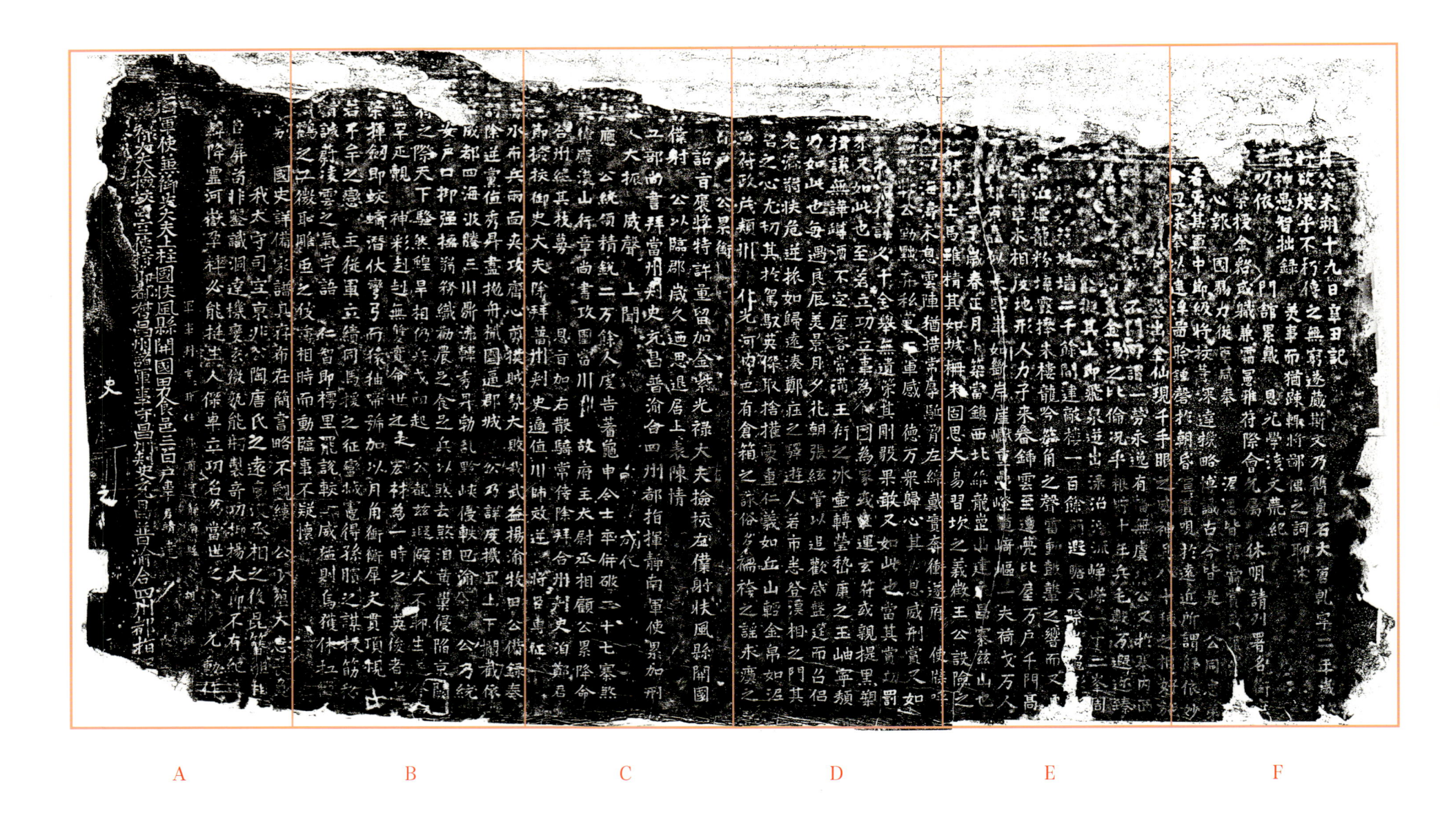

A　　　　　B　　　　　C　　　　　D　　　　　E　　　　　F

图版 1　第 2 号龛胡密撰韦君靖碑上部碑文（台湾傅斯图书馆藏拓本）

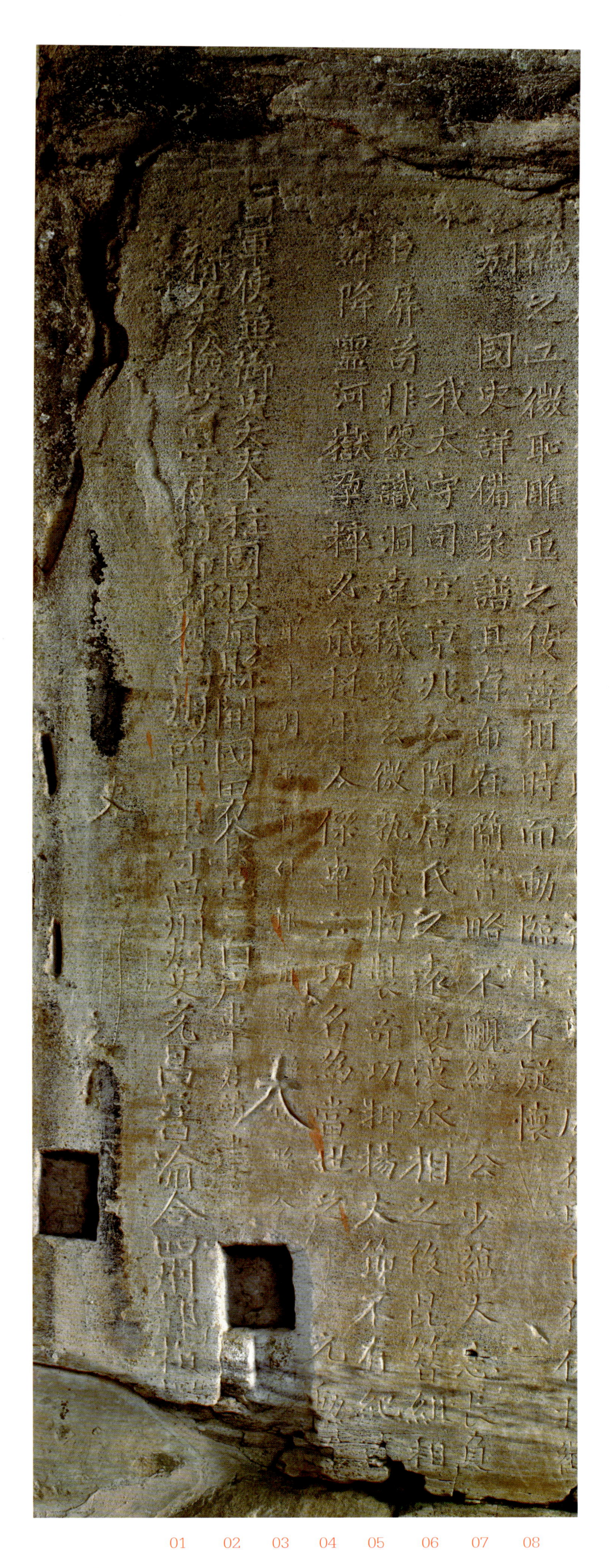

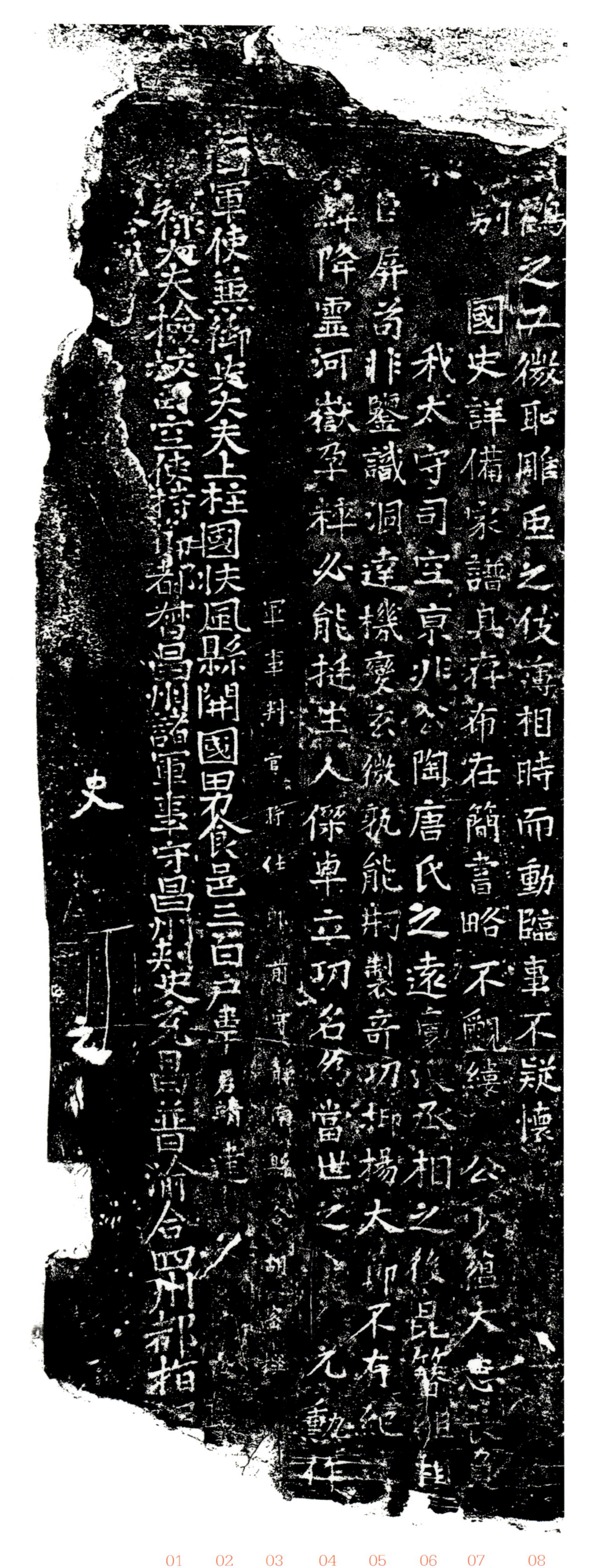

图版 1-1　第 2 号龛胡密撰韦君靖碑上部 A 组碑文

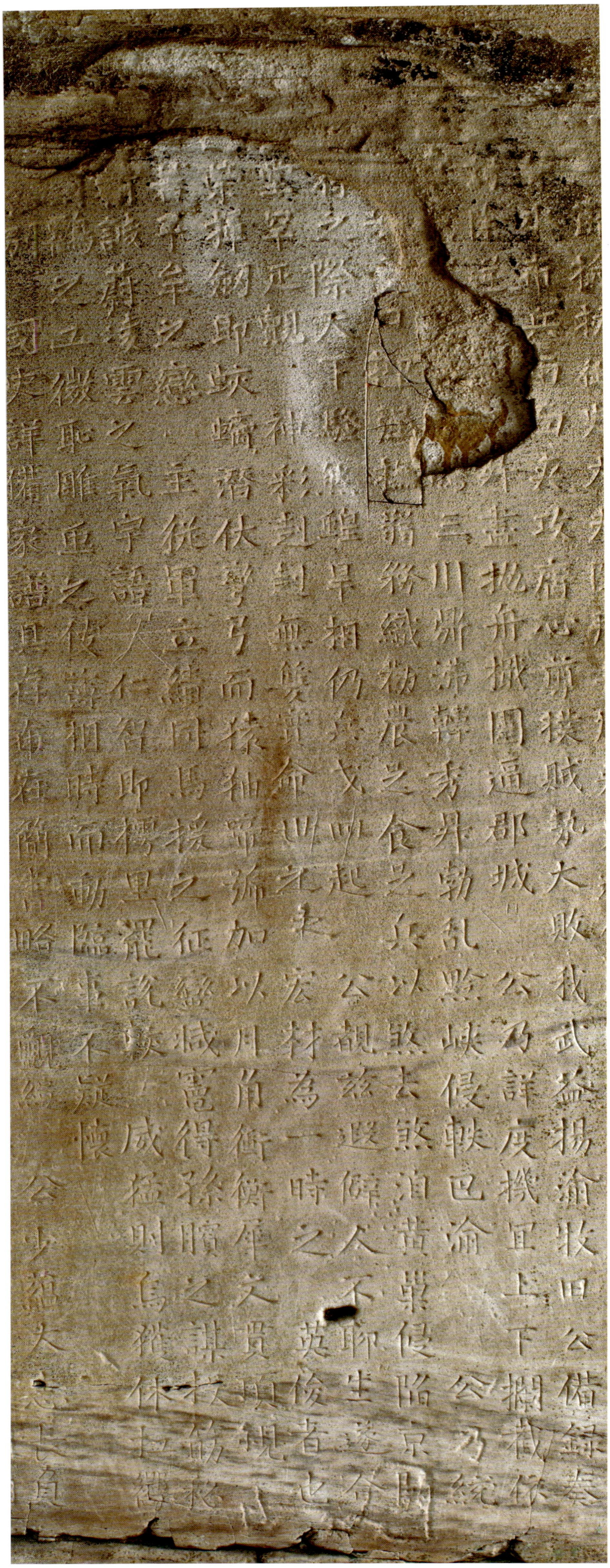

图版 1-2　第 2 号龛胡密撰韦君靖碑上部 B 组碑文

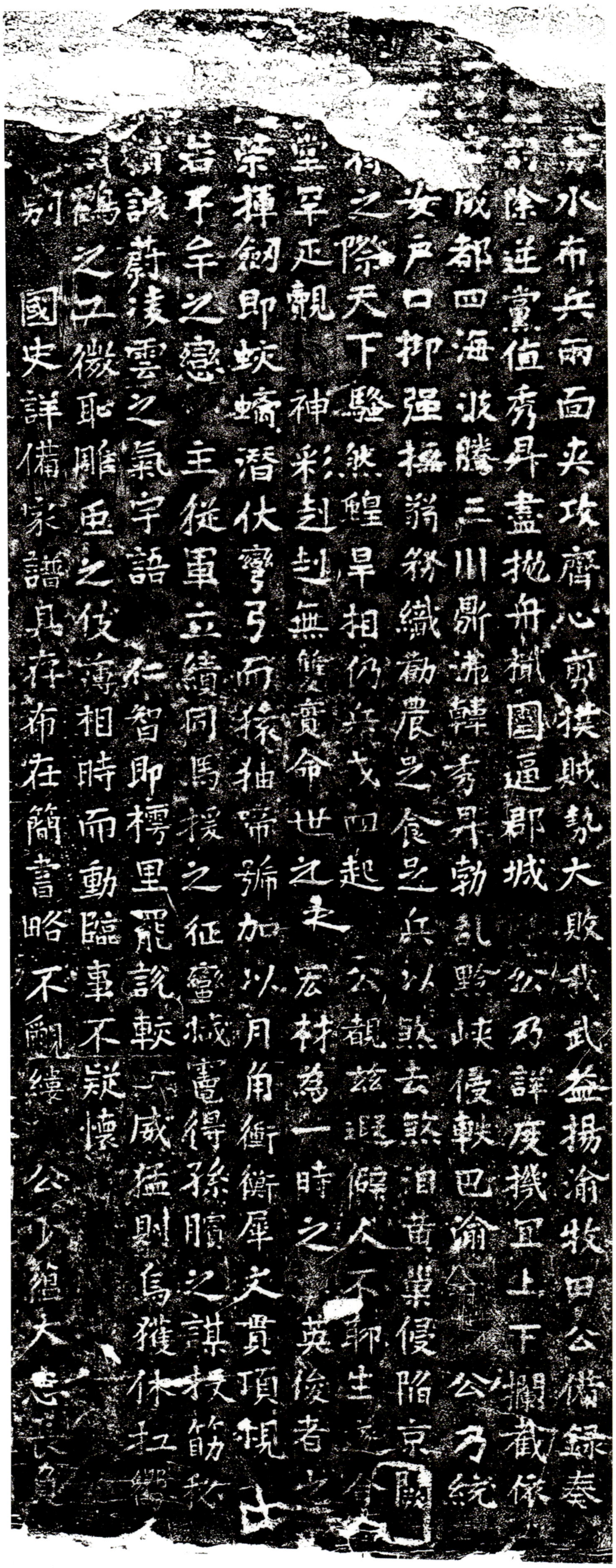

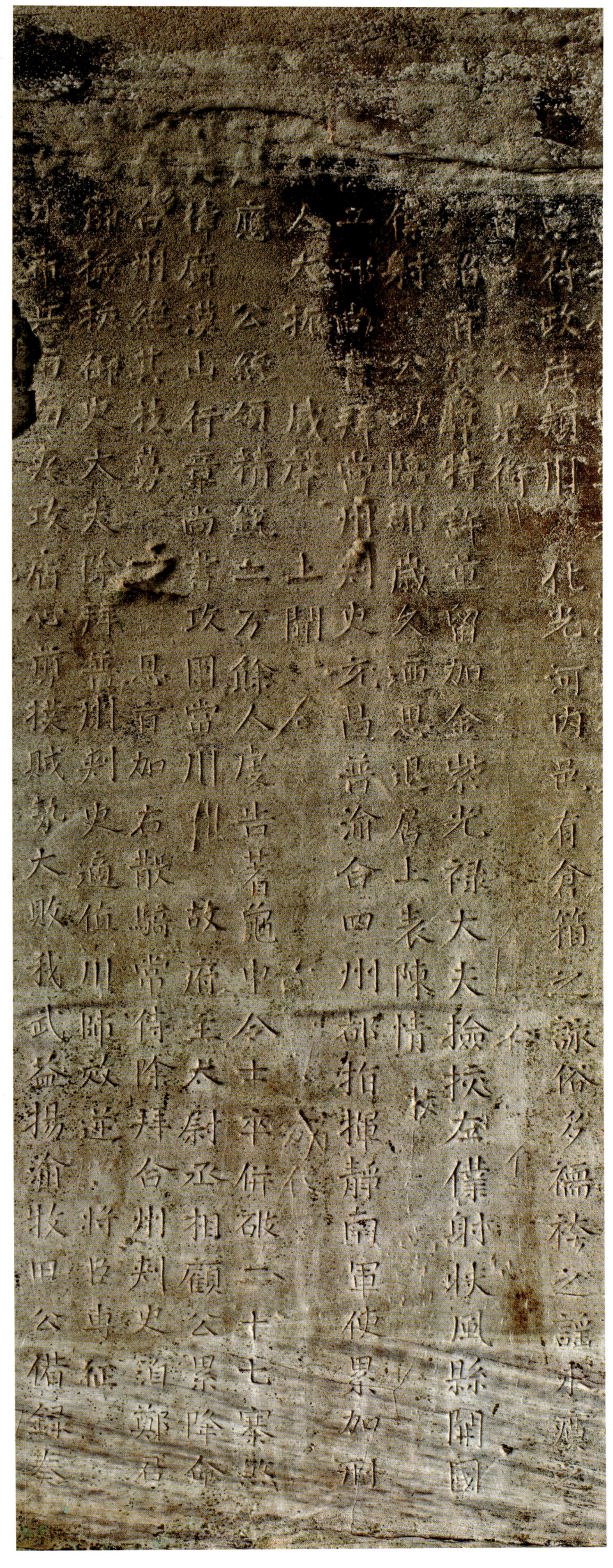

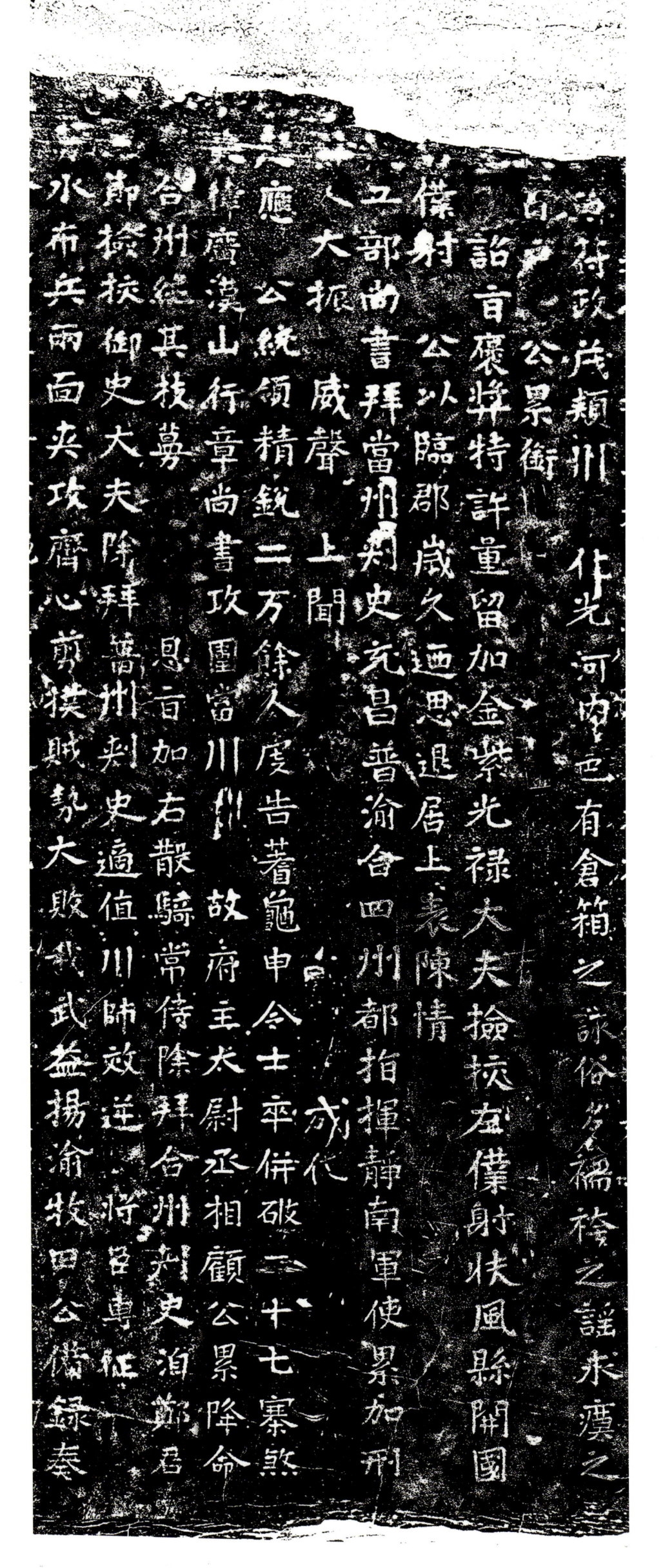

图版 1-3　第 2 号龛胡密撰韦君靖碑上部 C 组碑文

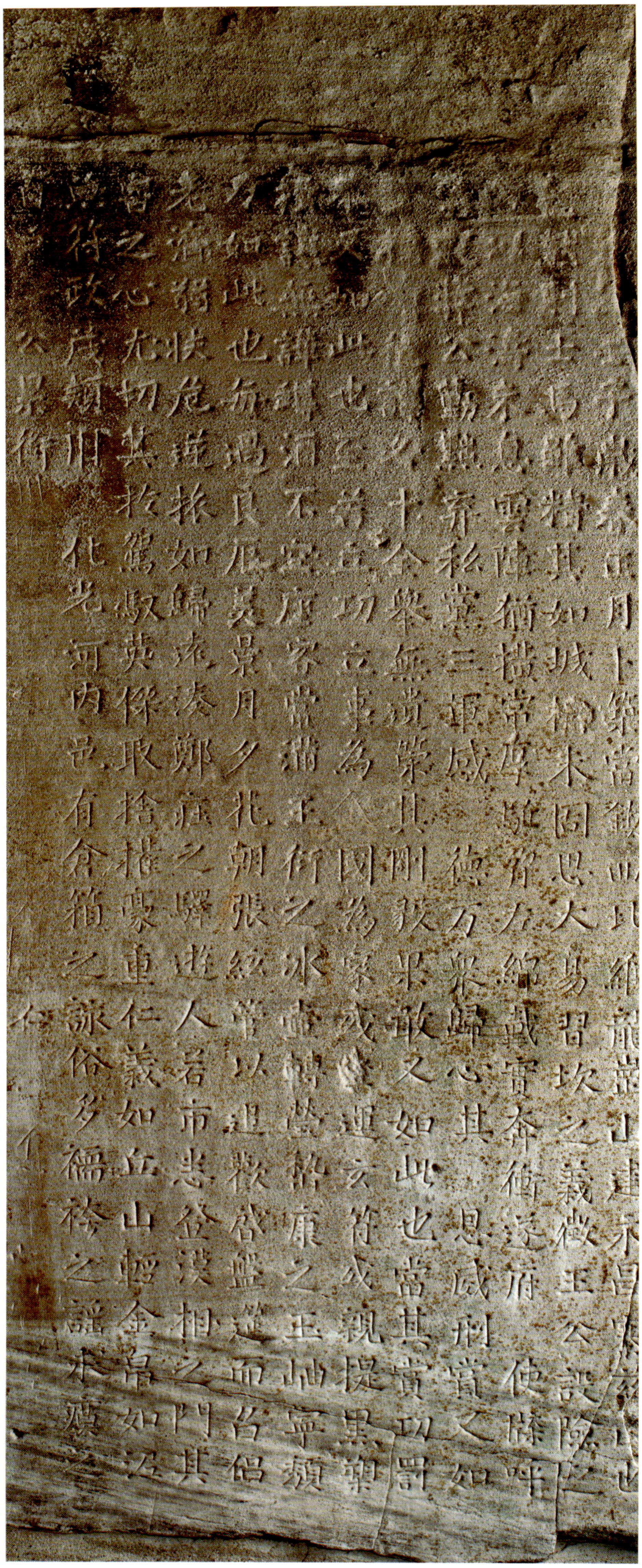

图版 1-4　第 2 号龛胡密撰韦君靖碑上部 D 组碑文

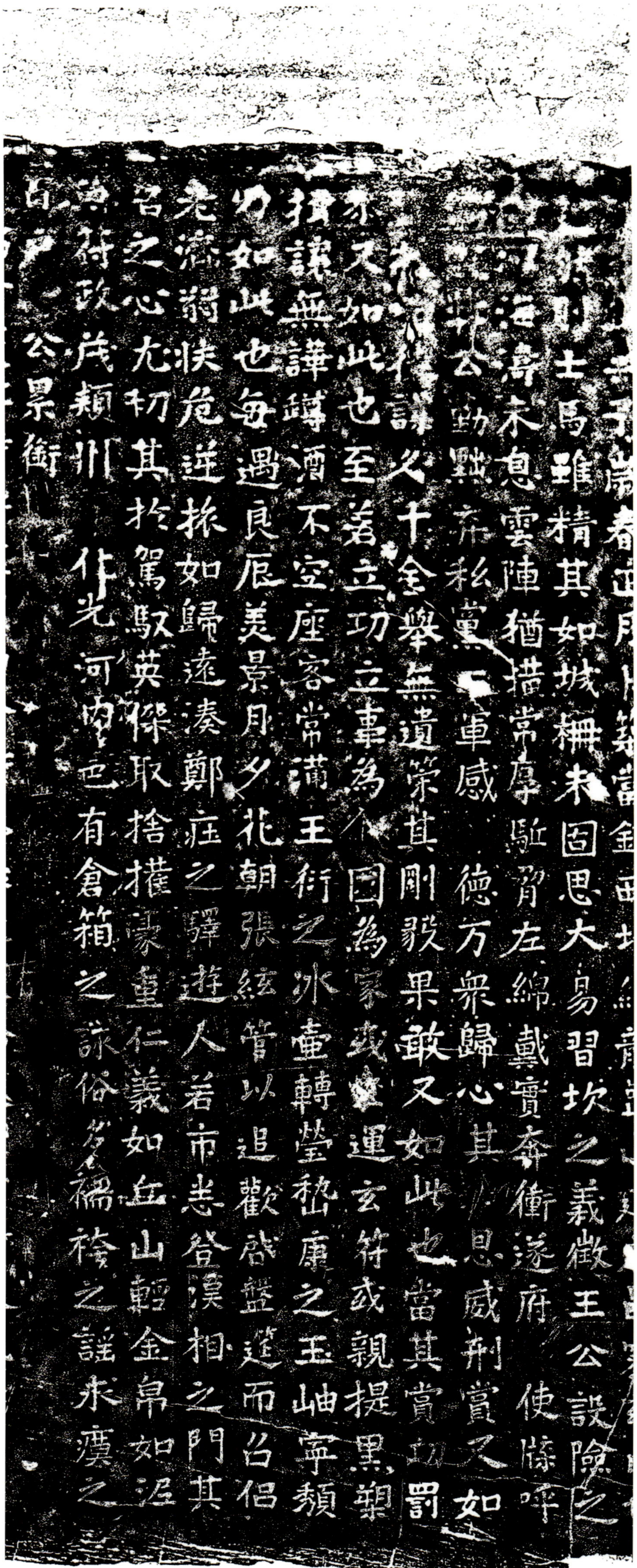

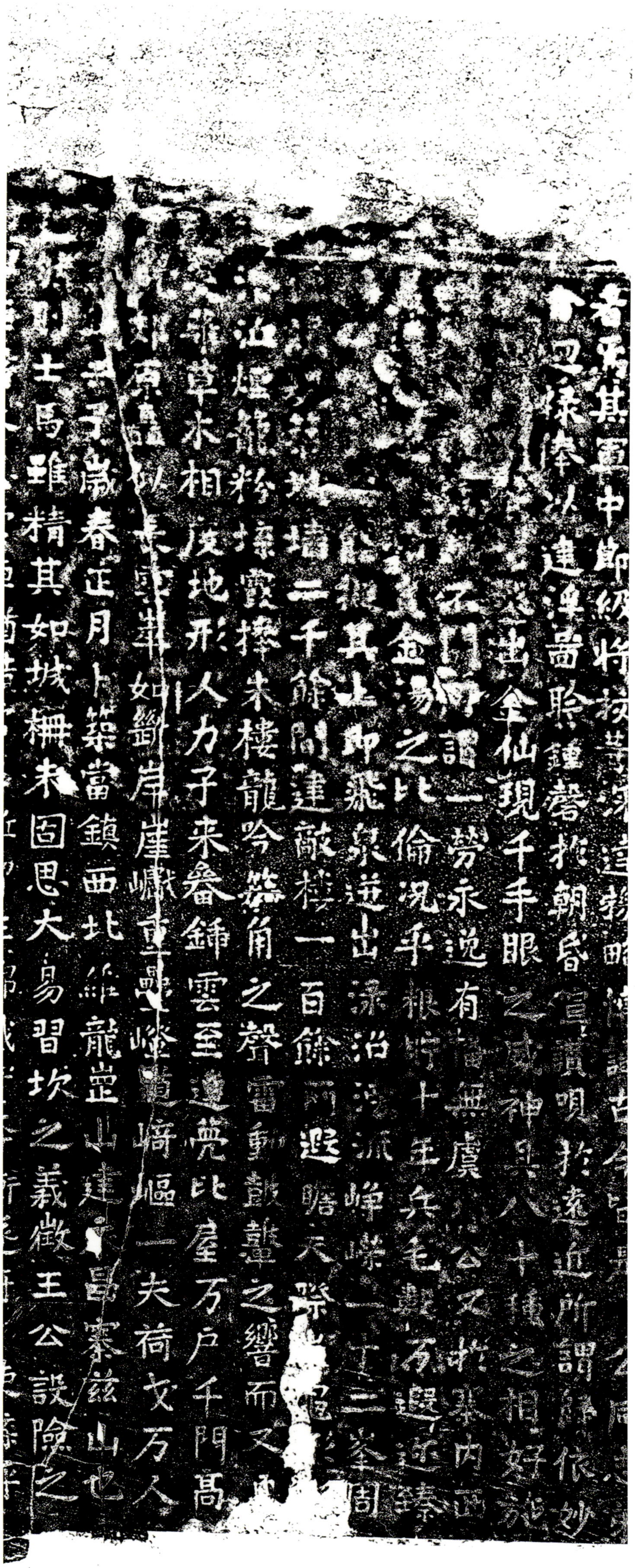

图版 1-5　第 2 号龛胡密撰韦君靖碑上部 E 组碑文

图版 1-6　第 2 号龛胡密撰韦君靖碑上部 F 组碑文

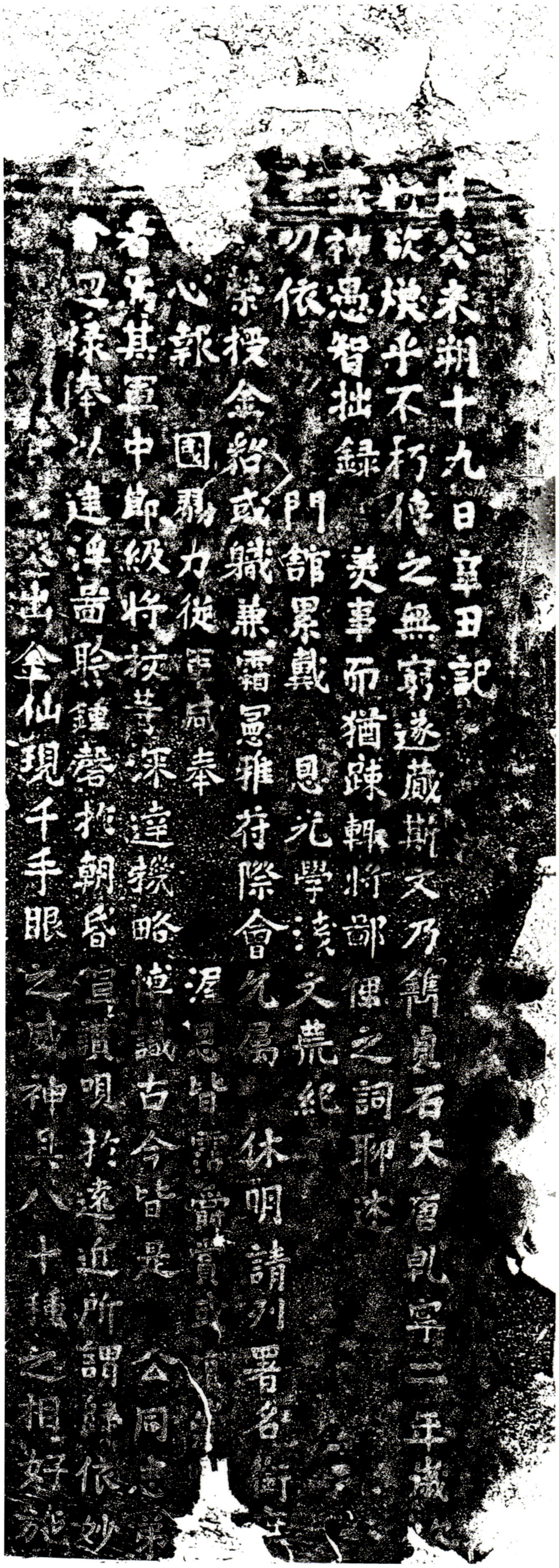

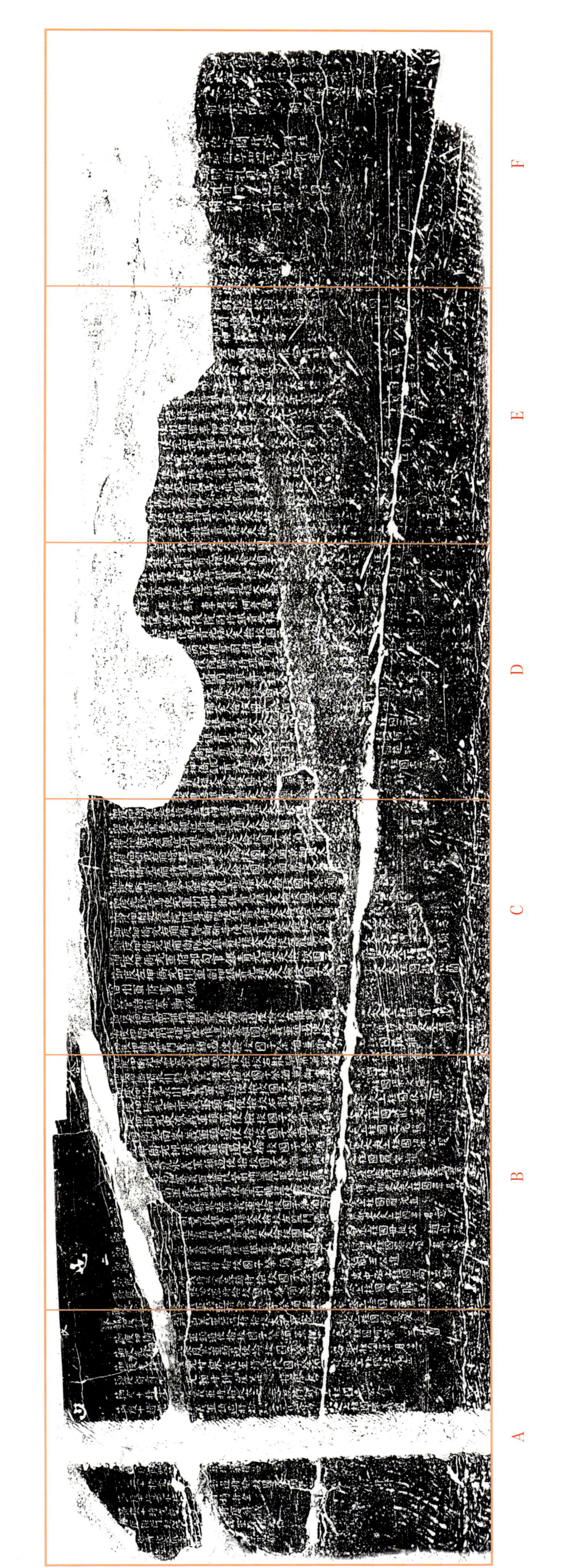

图版 2　第 2 号笼胡密撰丰君靖碑下部碑文

图版 2　第 2 号笼胡密撰丰君靖碑下部碑文（大足石刻研究院藏，1994 年拓本）

II　铭文图版　305

图版 2-1　第 2 号宠胡鉴撰吉君靖碑下部 A 组碑文

图版 2-1　第 2 号宠胡鉴撰吉君靖碑下部 A 组碑文

图版 2-2　第 2 号宠胡密撰丰君靖碑下部 B 组碑文

图版 2-2　第 2 号宠胡密撰丰君靖碑下部 B 组碑文

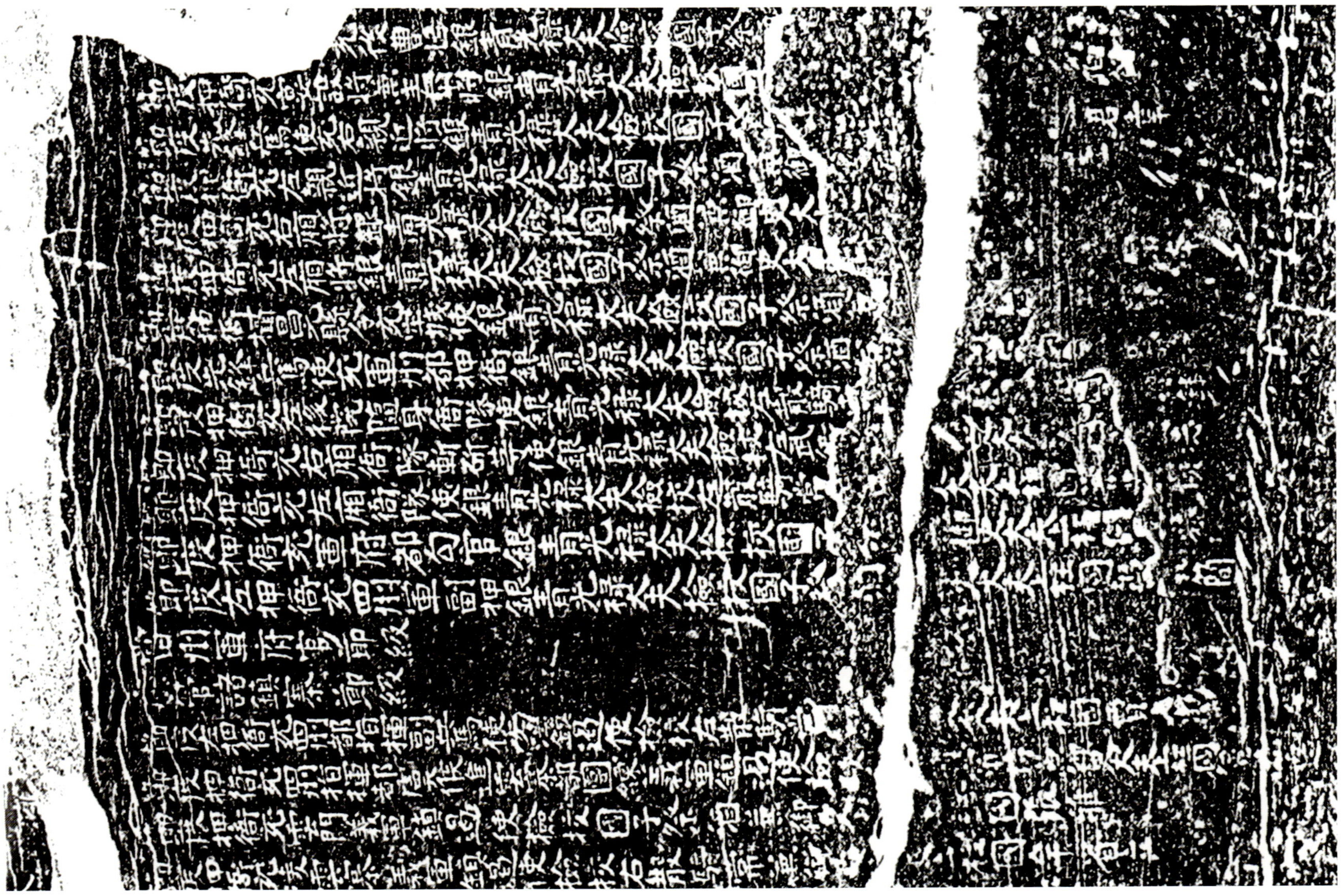

图版 2-3　第 2 号龛胡密撰韦君靖碑下部 C 组碑文

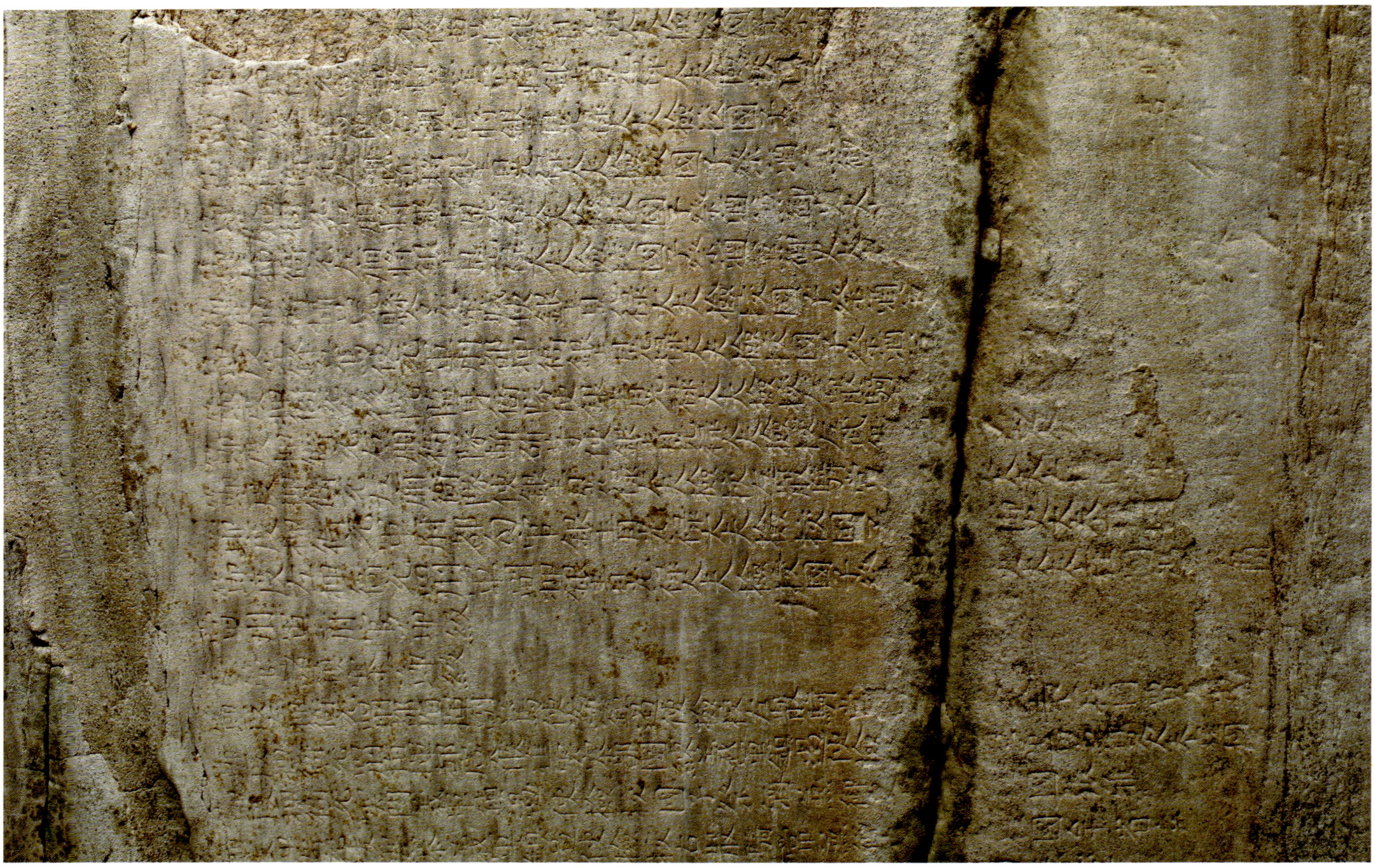

图版 2-3　第 2 号龛胡密撰韦君靖碑下部 C 组碑文

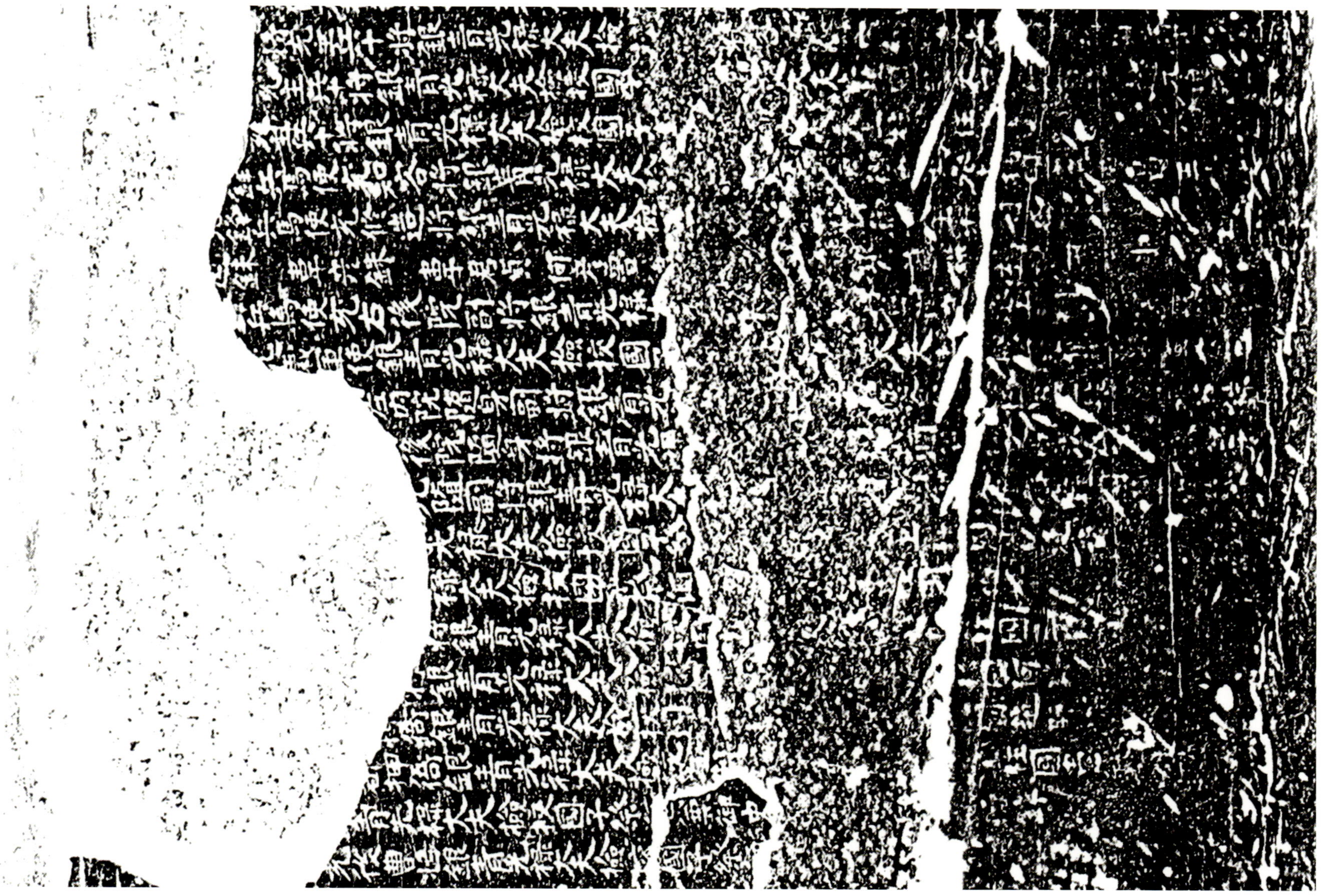

图版 2-4　第 2 号龛胡密撰丰君靖碑下部 D 组碑文

图版 2-4　第 2 号龛胡密撰丰君靖碑下部 D 组碑文

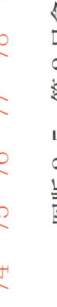

图版 2-5　第 2 号龛胡密撰书君靖碑下部 E 组碑文

图版 2-5　第 2 号龛胡密撰书君靖碑下部 E 组碑文

图版 2-6　第 2 号龛胡密撰韦君靖碑下部 F 组碑文

08　07　06　05　04　03　02　01

08　07　06　05　04　03　02　01

图版 3　第 9 号龛佚名造大悲观世音菩萨像残记

图版 3　第 9 号龛佚名造大悲观世音菩萨像残记

03　　02　　01

图版 4　第 18 号龛佚名造一佛二菩萨龛残记

03　　02　　01

图版 4　第 18 号龛佚名造一佛二菩萨龛残记

03　02　01

03　02　01

图版 5　第 19 号龛佚名造救苦观音菩萨龛残记

图版 5　第 19 号龛佚名造救苦观音菩萨龛残记

图版 6　第 21 号龛王启仲造阿弥陀佛龛镌记　　　　　　　　　　　图版 6　第 21 号龛王启仲造阿弥陀佛龛镌记

图版 7　第 24 号龛何君友造日月光菩萨龛镌记

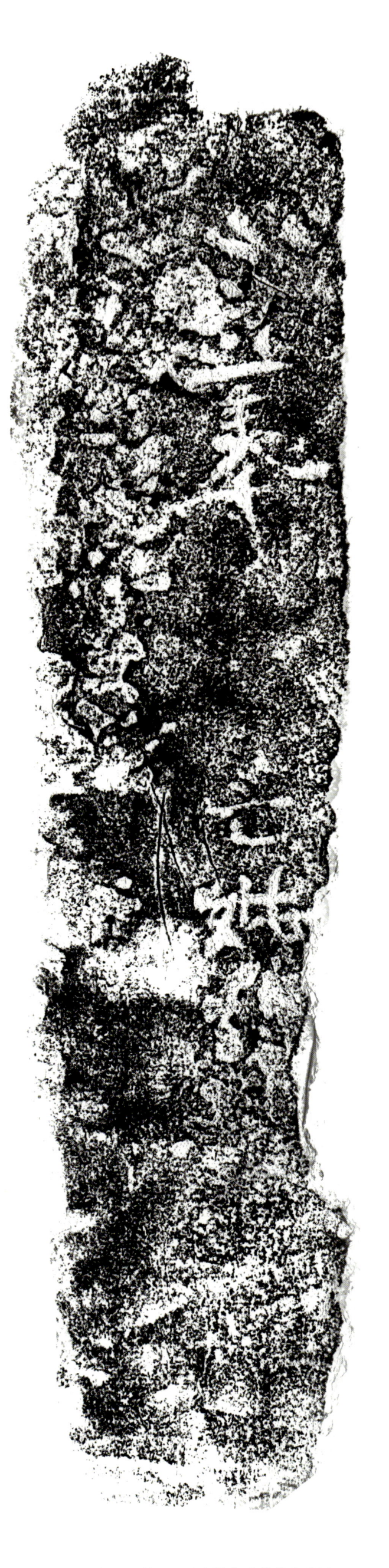

图版 8　第 25 号龛佚名造菩萨龛残记

03　02　01
图版 9　第 26 号龛何君友造观音龛镌记

03　02　01
图版 9　第 26 号龛何君友造观音龛镌记

04　　　03　　　02　　　01

图版 10　第 27 号龛佚名造观音龛残记

04　　　03　　　02　　　01

图版 10　第 27 号龛佚名造观音龛残记

图版 11　第 32 号龛周氏造日月光菩萨龛镌记 　　　　　　　　　图版 11　第 32 号龛周氏造日月光菩萨龛镌记

图版 12　第 35 号龛佚名造阿弥陀佛龛残记

图版 13　第 37 号龛于彦章等造地藏菩萨龛镌记

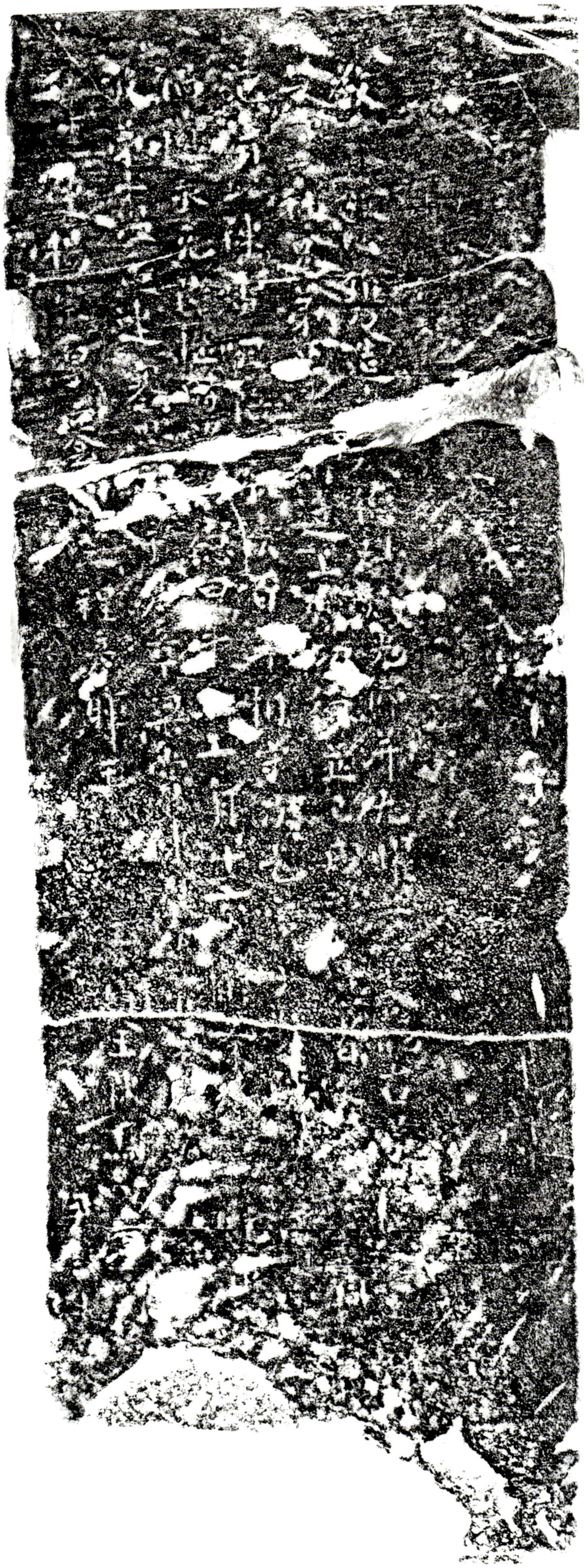

06 05 04 03 02 01

图版 14　第 39 号龛温孟达等造大威德炽盛光佛龛镌记

图版 15　第 50 号龛僧明悟造如意轮菩萨龛镌记

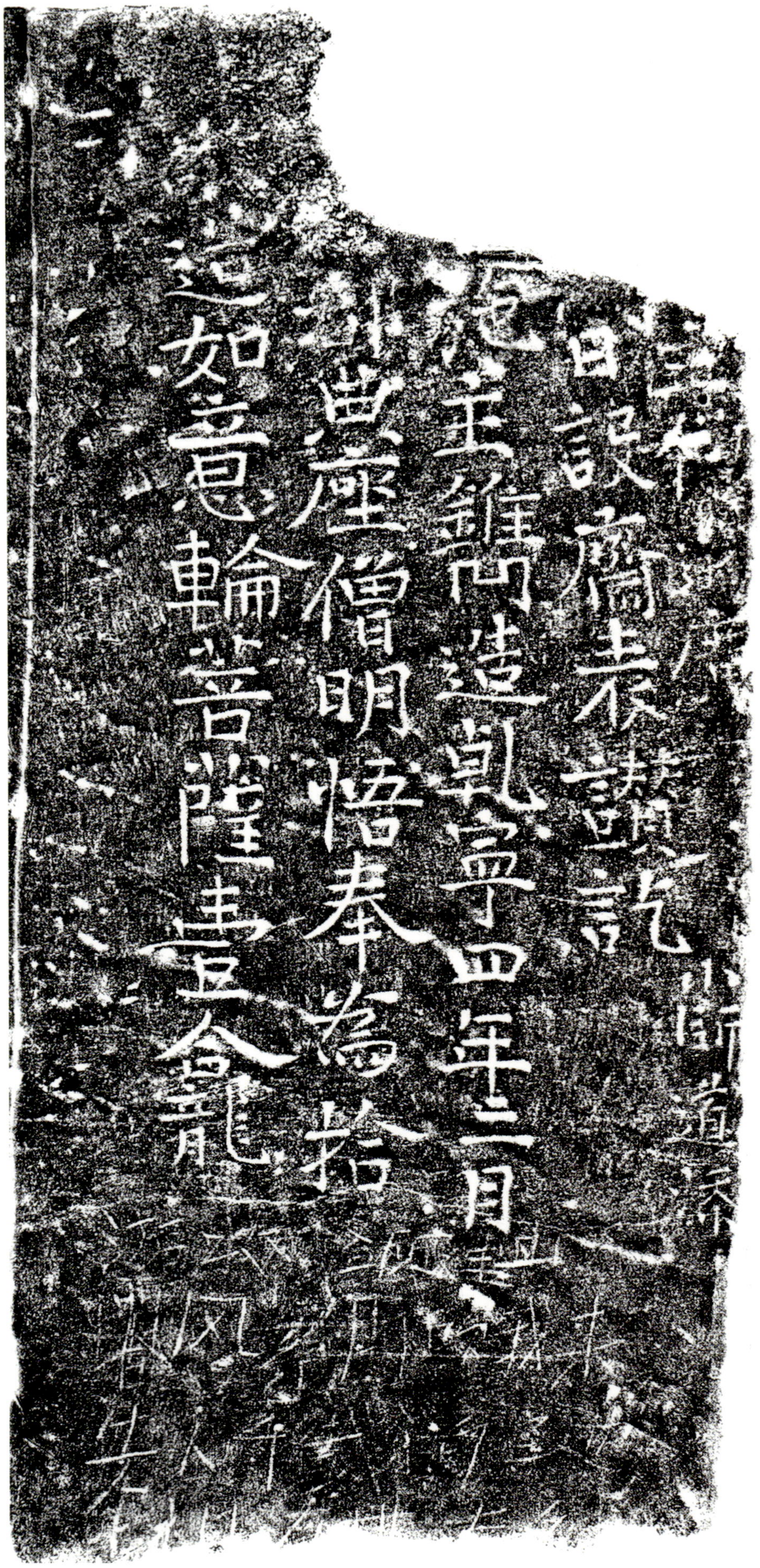

图版16　第51号龛左沿外侧王宗靖造三世佛龛镌记 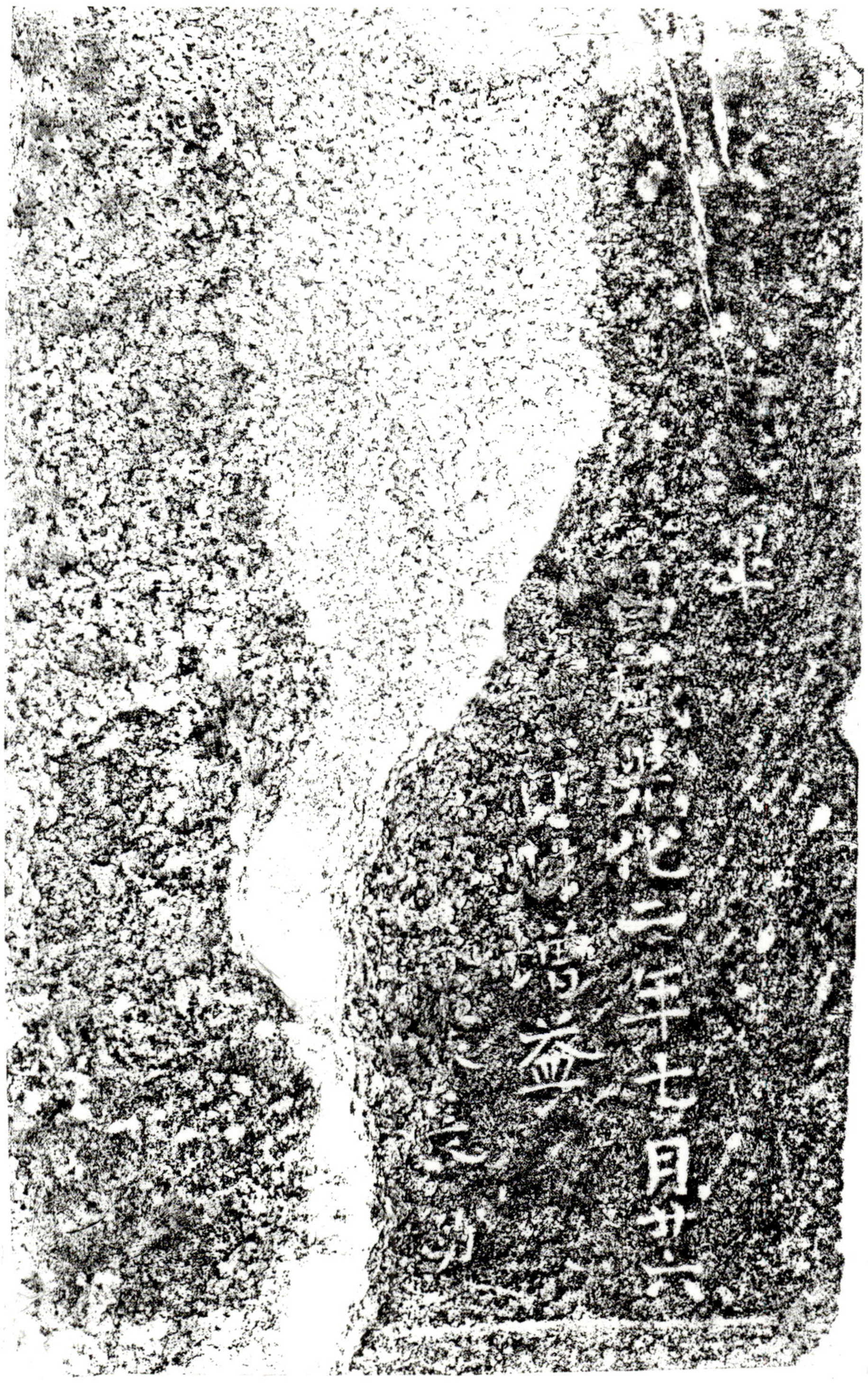　　　　　　　　　图版16　第51号龛左沿外侧王宗靖造三世佛龛镌记

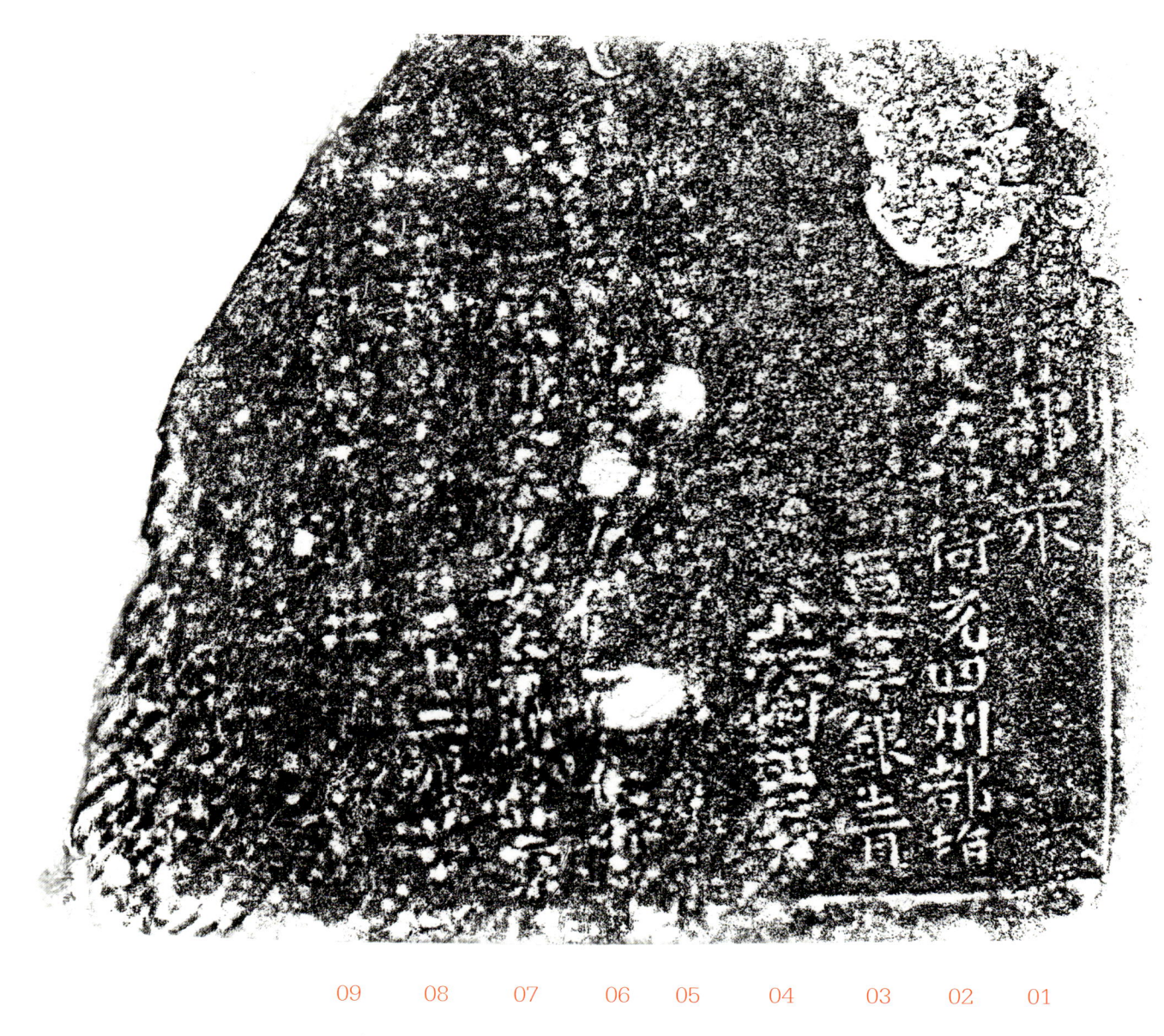

09　08　07　06　05　04　03　02　01

图版 17　第 51 号龛右沿外侧王宗靖造三世佛龛镌记

09　08　07　06　05　04　03　02　01

图版 17　第 51 号龛右沿外侧王宗靖造三世佛龛镌记

326　大足石刻全集　第一卷（下册）

图版 18　第 52 号龛左沿黎氏造阿弥陀佛龛镌记

图版 19　第 52 号龛右沿黎氏造阿弥陀佛龛镌记　　　　　　　　图版 19　第 52 号龛右沿黎氏造阿弥陀佛龛镌记

昌自然七廠未顕乾永昌伏
生者方見佛淵洁次承五年岁
男希言敬與伤敦造立五件招提心
苐善欲剪刘时树菲能造
敬造迦葉菩薩一身

图版 21　第 53 号龛右沿种审能造阿弥陀佛龛镌记

01　　　02　　　03

01　　　02　　　03

图版 22　第 54 号龛佚名造观音龛残记

图版 22　第 54 号龛佚名造观音龛残记

Ⅱ　铭文图版　331

图版 23　第 58 号龛左沿王宗靖造观音地藏镌记

图版 24　第 58 号龛右沿赵师恪妆饰观音地藏镌记

图书在版编目（CIP）数据

北山佛湾石窟第1—100号考古报告. 下册 / 黎方银主编；大足石刻研究院编. 一重庆：重庆出版社，2017.11

（大足石刻全集. 第一卷）

ISBN 978-7-229-12679-7

Ⅰ. ①北… Ⅱ. ①黎… ②大… Ⅲ. ①大足石窟－考古发掘－发掘报告

Ⅳ. ①K879.275

中国版本图书馆CIP数据核字(2017)第228162号

北山佛湾石窟第1—100号考古报告　下册
BEISHAN FOWAN SHIKU DI 1-100 HAO KAOGU BAOGAO XIACE

黎方银　主编　　大足石刻研究院　编

总策划：郭　宜　黎方银
责任编辑：杨希之　夏　添
美术编辑：郑文武　夏　添　周　瑜　吕文成　王　远
责任校对：何建云
装帧设计：胡靳一　郑文武
排　　版：何　璐

重庆出版集团　出版
重庆出版社

重庆市南岸区南滨路162号1幢　邮政编码：400061　http://www.cqph.com
重庆新金雅迪艺术印刷有限公司印制
重庆出版集团图书发行有限公司发行
E-MAIL:fxchu@cqph.com　邮购电话：023-61520646
全国新华书店经销

开本：889mm×1194mm　1/8　印张：44
2017年11月第1版　2017年11月第1次印刷
ISBN 978-7-229-12679-7
定价：1500.00元

如有印装质量问题，请向本集团图书发行有限公司调换：023-61520678

版权所有　侵权必究